DIONYSOS WAR HIER

PRO LEIPZIG

für Evelin Finger
von
Thomas Steinert

ERNST ORTLEPP

1800–1864

Des Dichters Leben und Werk

in Wort und Bild von

Thomas Steinert

Landstraße zwischen Schkölen und Camburg.

Vorwort

Zu Ortlepp kam er über Nietzsche: Ende der achziger Jahre begann Thomas Steinert, die Lebensorte des Philosophen zu fotografieren. Eine Tätigkeit, die dem Leipziger half, das geistige Vakuum der letzten DDR- und ersten Nachwende-Jahre zu füllen. Rund 1000 Schwarzweißfotos entstanden solcherart, darunter Bilder der alten Landesschule Pforta, in der Nietzsche um 1860 erstmals dem um 44 Jahre älteren Ernst Ortlepp begegnete dem Vormärzschriftsteller, der einer der ersten politischen Dichter Deutschlands war. Als Obstbaumhüter hatte es den vielfach verfolgten Autor zurück an den Ort seiner Jugend verschlagen.

Die Begegnung des Schülers Nietzsche mit dem alten, nunmehr obdachlosen Ortlepp hält Steinert für ein Grunderlebnis des künftigen Philosophen. Wie man sich selbst wappnen müsse, um in der Welt zu bestehen, das habe Nietzsche an Ortlepp begriffen, der von der „Naumburger Tugend" verachtet wurde, vor deren Augen er buchstäblich zugrunde ging. An der Gestalt dieses Dichters sei Nietzsche zum Psychologen geworden. Ohne Ortlepp kein Nietzsche, das ist Steinerts Formel.

Ein Künstler mit brüchiger Werkbiografie ist Thomas Steinert selbst: 1949 bei Chemnitz geboren, durchlief er in Freiberg eine Berufsausbildung mit Abitur zum Metallhüttenfacharbeiter, um von 1972 bis 1977 Fotografie an der Hochschule für Grafik und Buchkunst in Leipzig zu studieren. Ausgeschlossen vom Kunstbetrieb, hielt sich Steinert als Betriebs- und Postkartenfotograf über Wasser. Heute zählt Steinert zu den bedeutendsten ostdeutschen Fotografen, dessen Kunst in dem 2006 im Leipziger Lehmstedt Verlag veröffentlichen Bildband Connewitzer Welttheater erstmals für die Allgemeinheit sichtbar wurde. Ein illusionsloser Realismus waltet in den Bildern, der Züge ins melancholisch Komische aufweist. In Ortlepps Lebenstragik spiegelt Steinert seinen eigenen Weg als Künstler. Vor allem in seinem Scheitern, sagt er, sei ihm der Dichter nahe.

Dionysos war hier: Der Titel dieses Buches stammt von Steinert selbst. Dionysos, der Gott des Weines, des Rausches und der Fruchtbarkeit, der Künstlergott, der nicht der Gott der Künste ist. 1871 erkannte Nietzsche im Dionysischen das Prinzip des schöpferischen Lebens, der großen weltlichen Bejahung. Dionysisch handeln, das verlange, dem eigenen Willen, den eigenen Begriffen zu folgen.
Man muß Chaos in sich haben, um einen Stern zu gebären, schrieb Nietzsche.

Eine Vielzahl von literarischen Sternen gebar Ernst Ortlepp. Im Jahr 1800 in Droyßig bei Zeitz geboren und 1864 bei Pforta tödlich verunglückt, war er zeitlebens ein tapferer, durchaus dionysischer Charakter: wagemutig und sinnenfreudig. Allen Berufs- und Aufenthaltsverboten zum Trotz: Immer zeigte sich Ortlepp als ein engagierter Schriftsteller, der hinschrieb auf eine Gesellschaft der mündigen Bürger. Bei alledem war der studierte Theologe kein Atheist. Dichtersprache war für Ortlepp göttliche Rede, auch das ein dionysisches Element.

Thomas Steinert zeigt in Wort und Bild die Lebenslandschaft Ortlepps. Und mit dieser die Gegenwart der Vergangenheit, was heißt: Der Dichter ist verschwunden, seine Orte wirken wie gerade erst von ihm verlassen. Wir sehen das Gasthaus Saalhäuser, in dem Ortlepp: „dämonische Lieder" gesungen haben soll. Die Musengrotte bei Naumburg, die dem Obdachlosen ein Nachtlager bot. Den Wassergraben hinter Almrich, in dem der Dichter sein bis heute rätselhaftes Ende fand. Landschaft, hingebreitet zur Lektüre, in deren Mulden und Mauern die Gegenwart Ortlepps lagert.
Thomas Steinert macht sie sichtbar in diesem Buch.

Christian Eger
Halle im April 2010

Am 1.8. 1800 brachte die 28jährige Wilhelmine Ortlepp als ihr erstes Kind einen Knaben zur Welt. Friedrich Ortlepp, ihr 35järiger Ehemann und evangelischer Propst zu Droyßig, taufte ihn auf den Namen Ernst. In den Jahren 1802, 1806 und 1809 bekam er noch drei Brüder. Ihr Vater wurde 1806 nach der 17 km entfernte Kleinstadt Schkölen versetzt. Dort gehörte zum Pfarrhof ein großer Garten, in dem sich Friedrich Ortlepp ausgiebig seiner Lieblingsbeschäftigung, der Obstbaumzucht hingeben konnte. Er brachte Aprikosen- und Pfirsichbäumen zum gedeihen, und betätigte sich auch als Imker. Außerdem betrieb er eine Baumschule für die Bauern der Umgebung, bei denen er hoch angesehen war. Seine Söhne unterrichtete er nicht nur in diesen Künsten, der Älteste brachte es nach anfänglichem Widerstreben an der Kirchenorgel zur Meisterschaft. Als sich durch verwandtschaftliche Beziehungen 1812 die Chance bot, ihn auf Landeskosten im Internat der Fürstlichen Landesschule Pforta unterzubringen, zögerte sein Vater nicht lange. Von nun an mußte Ernst Ortlepp dort jeden Morgen 6 Uhr und jeden Abend 19.30 Uhr im Betsaal den Gesang der Schüler bei der Andacht auf der Orgel begleiten. Seinen Vorgänger hatte man wegen eines aus Liebeskummer unternommenen Selbstmordversuchs von der Schule gewiesen.

Erste Strophe des Liedes, mit dem die Andacht begann:

Seit vielen hundert Jahren ruht Allhier ein sSegen:
Gott träufelt seines Himmels Gut, und seines Geistes Regen
In unsrer treuen Mutter Schoß, und ziehet ihre Kinder groß,
Daß sich das Land drob freuet.

Es war in Pforta Brauch, daß die Neuen von den älteren Schülern auf vielerlei Art gequält wurden. Ernst Ortlepp, der zwei Jahre jünger war als seine Klassenkameraden, hatte die ersten Jahre im Internat sehr zu leiden. Im allgemeinen drang davon nichts nach außen, denn als erstes wurde den sogenannten „Novizen" ein Schweigegelübte abgenommen, und außerdem würden sie ja selbst einmal in die Stellung ihrer Peiniger kommen. Als aber 1817 die Novizen lebende Krebse verschlucken mußten, hat es doch einmal einer gewagt sich zu beschweren. Diese „Selbsterziehung" der Schüler, eine Mischung aus spartanischer Zucht und christlicher Moral, und ein Tagesablauf, ausgerichtet am Leben der Mönche, sollte pflichttreue Beamte für den Staatsapparat liefern. Der Lehrinhalt konzentrierte sich auf das Übersetzen der griechischen und lateinischen Klassiker. Ihre Schriften galten noch ganz im Geist des Mittelalters als Gipfel des Wissens und einer vorbildlichen Kultur, welche nach der Überzeugung von Friedrich Nietzsche die Knabenliebe zur Grundlage und den Müßiggang zum Ziel allen Strebens hatte.

Unter den von der Außenwelt abgeschlossenen, pubertierenden Knaben und den jungen Erwachsenen in Machtposition, waren homoerotische Beziehungen vorprogrammiert. Wurden solche Verfehlungen auch hin und wieder aufgedeckt, so lag ihre Vertuschung ganz gewiß im allgemeinen Interesse. Es waren eben nicht immer mangelhafte Leistung die Ursache dafür, daß fast die Hälfte der Schüler Pforta vor dem Abitur verlassen mußten. Auch Franz von Gaudy (1800–1840), dessen Vater Erzieher des späteren preußischen Königs Wilhelm VI. gewesen war, ging 1818 nach nur drei Jahren in Pforta als 18järiger ab.

Ernst Ortlepp gelang es mit Stoizismus und Fleiß, vom Prügelknaben zum Primus aufzusteigen. In Untersekunda wurde die Odyssee gepaukt und in jedem Semester daraus 100 Versen auswendig gelernt. Als Strafe konnten es auch 100 mehr sein. Das Abitur bestand er 1817 vor allem wegen seiner Lateinkenntnisse mit der höchsten Auszeichnung und durfte weitere zwei Jahre dableiben. Nun widmete er sich ganz dem Griechischen und verfaßte in vier Wochen 400 Hexameter nach dem Muster der Ilias. Insgesamt brachte er es auf 6000 griechische Verse, und er fertigte auch noch eine Übersetzung von Goethes Iphigenie ins Griechische an. Als man diese Goethe 1821 voller Stolz präsentierte, tat er das als bloße Fleißarbeit ab. Die drei Brüder von Ernst Ortlepp waren ebenfalls Schüler in Pforta.

Die Schulstraße in Droyßig, einem 8 km westlich von Zeitz gelegenen Dorf, mündet in den Kirchplatz. Dort befand sich an der Stelle der heutigen Nr. 8 das Pfarrhaus, in dem Ernst Ortlepp zur Welt kam.

Wer nach einer fast unbeschwerten Kindheit auf dem Lande als empfindsamer Heranwachsender an die acht lange Jahre hinter Klostermauern hat zubringen müssen, der wird in seinem weiteren Leben kein Opfer scheuen, nur um ähnlichen Zwangslagen auszuweichen. In der Not aber, wenn ihm die materiellen Voraussetzungen zu einem selbstbestimmten Leben fehlen, und das Gefühl der Freiheit nur noch im Rausch zu haben ist, wird solche Unfreiheit ihn als Geborgenheit erscheinen.

Ernst Ortlepp, sein trauriges Schicksal vorausahnend, wünschte sich schon bald nach seinem Abgang aus Pforta, dort sein ganzes Leben mit dem Studium der Klassiker des Altertums zubringen zu dürfen. In seinem ersten Gedichtband, der 1831 in Leipzig erschien, schwelgt er mit einer Ode an Friedrich Klopstock, dem damals berühmtesten Schüler von Pforta, in den Erinnerung an seine eigene Schulzeit:

...

>Dort in des Waldes einsamen Schattengang
>Bist du gewandelt in der Vergangenheit,
>   Und jener Quell mit deinem Namen
>   Hörte zuerst den Gesang des Jünglings;
>
>Der nicht mehr tönet; heiliges Schweigen ruht
>Am stillen Orte; leiser Wellen Klang
>   Erzählet nur mit kaum gehörtem
>   Murmeln dem lauschenden Wanderer Vieles,
>
>Was ihn gar eigen hin nach der Grotte zieht,
>Wo wunderbare Regung die Brust ergreift,
>   Und er gerührt, daß solcher Orte
>   Wenige die Erde besitze, lispelt.
>
>O süße Stätte deine Gespielinnen
>Sind Seraphswonnen; eilet, ihr Jünglinge,
>   Was Tugend ist, dort zu empfinden!
>   Eilet! Dort werdet ihr groß und edel!
>
>Der stille Tempel steht in Majestät,
>Die altergrauten Steine – Jahrhunderte
>   Sahn sie entrinnen, sind versunk'ner
>   Zeiten und Sterblicher stumme Zeugen.
>
>Das ganze Thal ist himmlischer Weisheit voll
>Und tiefer Ruhe, die nicht das Weltgewühl
>   Mit seinem Marktgetöse störet,
>   Die nicht mit leerem Vergnügungsrausche
>
>Bachant'scher Freuden lärmende Schwinge trifft;
>Die ew'ge Lampe strahlt in Einsamkeit
>   Im Dome der Natur dort heller,
>   Und es entflammt mit dem Geist das Herz sich.

...

Das Zisterienzerkloster St. Marien zu Pforten wurde 1540 aufgehoben. Die Kloppstock-Quelle befindet sich im Wald dahinter. Überer der Kirchturmspitze am Abhang des Saaletales sieht man den Knabenberg. Am Weg zum Gipfel mit der Festwiese liegt die im Gedicht erwähnte Grotte.

Sein Vater hielt es für angeraten, ihn vor dem Studium in Leipzig ein Jahr bei sich zu behalten. Dort besuchte Ernst Ortlepp dann auch weniger die Theologievorlesungen von Prof. Dr. Johann Tittmann, sondern schloß sich einer: „Schar von feurigen Jünglingen" an, die Theater und Konzert frequentierten, oder sich tagelang in der Gegend herumtrieben. Mit seiner Weihnachtspredigt 1820 rührt er die Schkölener noch einmal zu Tränen, dann wechselte er zur Philologie. Zur gleichen Zeit hatte der 19jährige Christian Grabbe ein Jurastudium in Leipzig begonnen. Beide besuchten die philosophische Vorlesung von Prof. Wilhelm Krug, und es ist es gut möglich, daß sie sich dort oder in der Kneipe kennenlernten. Grabbe, der zu dieser Zeit bereits Alkoholkrank war, arbeitete an seinem dritten Theaterstück, das von Nihilismus nur so strotzte. Er schickte es zu Ludwig Tieck nach Dresden, der gute Verbindungen zum Hoftheater hatte, und auch Kolumnist beim Dresdener Abendblatt von Theodor Hell war. Tieck zeigte sich beeindruckt, und Grabbe folgte am 19.11.1822 der Einladung in seinen Salon, der alle Samstage für jedermann offen stand. Bereits 1822 hatte das Abendblatt ein Gedicht von Ernst Ortlepp abgedruckt, der im Jahr darauf sein romantisches Trauerspiel Der Cid vollendete. Als dann aber am Samstag den 15.5.1824 auf der Titelseite der 1801 gegründeten Leipziger Zeitung für die elegante Welt ein Gedicht von ihm prangte, und auch sein Buch „Donnerkeile in die Zeit geschmettert von Omikron" im Brockhaus-Verlag angekündigt wurde, da hielt auch er es an der Zeit, Tieck über seinen weiteren Werdegang zu konsultieren.
Von ihm erhielt er den entschiedenen Rat, einen gewöhnlichen Beruf zu ergreifen.
Ernst Ortlepps Donnerkeile, eine nach Inhalt und Form radikale, ins monströse gehende Aufhebung des Zeitgeistes, trieb den Subjektivismus auf die Spitze. Der Autor gefiel sich darin, seine Leser mit provozierenden Geistreicheleien beständig vor den Kopf zu stoßen, so daß er letztlich als sein einziger Leser übrigblieb. Den Schluß des Buches bildete ein Dithyrambos zu Ehren des Weins.

Zum Herbstsemester 1824 stellte der Vater die Finanzierung des ergebnislosen Studiums ein, und Ernst Ortlepp mußte zurück nach Schkölen. Sein Versagen und seine Veranlagung bekümmerte besonders die Mutter sehr, und der Gram raffte sie erst 53jährig am 21.7.1825 nach qualvoller Krankheit hinweg.
Ab 1825 druckte der Dresdener Almanach Merkur Gedichte von ihm unter dem Pseudonym Zickzack ab. Im gleichen Jahr schickte er aus Anlaß der Wiedereröffnung des Hoftheaters zum 50. Regierungsjubiläum von Großherzog von Sachsen-Weimar Karl August am 3.9. sein Trauerspiel nach Weimar, und reiste zu den Feierlichkeiten. Mit dem Titel Spaziergang in die Hölle machte Ernst Ortlepp 1827 den Versuch, Marktgängiges zu produzieren. Am Ende dieses Liebesromans bekam der Held den Adelstitel verliehen, und der Teufel wurde nach ordentlichem Gerichtsverfahren hingerichtet. Als am 14.6.1828 der Großherzog mit 70 Jahren starb, schickte er zur Todesfeier ein Gedicht von 28 Versen nach Weimar.

Der 300. Jahrestag der Übergabe der Confessio Augustana von Melanchton an den Reichstag sollte am 25.6.1830 in Sachsen als Großereignis gefeiert werden, zu dem Felix Mendelssohn Bartholdy eine Reformations-Symphonie komponierte. Professor Tittmann betraut Ernst Ortlepp mit der Übertragung seiner lateinisch gehaltenen hochpolitischen Vorlesung über die gesetzliche Regelung des Zusammenlebens der Konfessionen, die auf der Einladung zur Festveranstaltung am 31.10. in der Paulinerkirche abgedruckt wurde. Gleichzeitig hatte Ernst Ortlepp großen Erfolg mit seinem Gedicht zu dem Reformationsfeste, das dem Streben der Bürger nach politischer Mitsprache Ausdruck gab. Nun war er nicht mehr in Schkölen zu halten und nahm nach Weihnachten 1830 in Leipzig Quartier.

Ernst Ortlepp, 'Spaziergang in die Hölle' 1827:

... So aber theile ich den alten Fluch junger aufstrebender deutscher Dichter, der zwar oft mein Herz zerreißt, den ich aber doch tragen will, weil sich das nicht ändern läßt, und weil mir die Kunst, die ewige, hohe, mehr werth ist als mein Leben.

Beliebtes Ausflugsziel der Leipziger und ihrer Gäste war das Dörfchen Gohlis in der Flußaue der Pleiße mit seinen Ausflugslokalen. Der mittellose Friedrich Schiller konnte sich dort 1785 dank eines Mäzens in dieses Bauernhaus einmieten. Auch Ernst Ortlepp hat als Student die denkwürdige Stätte besucht.

Die Todesfeier am 22.6. 1828 für seinen Freund und Mäzen seit 53 Jahren den Großherzog Karl August besuchte der 78jährige Dichter Johann Wolfgang von Goethe nicht. Um leichter über diesen Verlust hinwegzukommen, reiste er drei Wochen später ins 30 km entfernte Dornburg und blieb fast zehn Wochen dort. Er ließ sich einen leichten Weißwein nachschicken, versenkte sich in Naturbeobachtungen, las Byron, schrieb hin und wieder ein Gedicht und empfing nur selten Fremde.

Johann Wolfgang von Goethe, 'Tagebuch' Juli 1828:

28. Am heiteren Himmel Wolkenzüge. Früher Spaziergang auf der Terrasse. Nachher verschiedenes, theils über Joachim Jungius und dessen Werke, theils über Paralipomena Chromatica.
Die Pompejischen Lithographien 1. Heft, fürtrefliche Dinge. Doch hauptsächlich auf Jungius die Aufmerksamkeit gewendet und die Capitel des Schemas einzeln durchgearbeitet.
Mittag für mich. Sodann nebenstehende Absendung besorgt: Herrn Geheimen Cammerrath von Goethe, Schreiben an ihn. Die Jacquerie für Frau von Pogwisch. Herrn Canzler von Müller, das Verzeichniß älterer Briefschaften zurück. –
Abends bey günstigem Wetter auf der Terrasse.

29. Besuchte mich ein junger Mann Namens Ortlepp aus Schkölen, dessen Geisteszustand ich bedauern mußte. Er zeigte schon früher ein gewisses poetisches Talent, hat sich aber in die ästhetisch-sentimentalen Grillen so verfitzt, daß er gar kein Verhältniß zur Außenwelt finden kann.
Er ist schon 28 Jahre alt und gab mir zu peinlichen Betrachtungen Anlaß.

Ernst Ortlepp, 'Johann Wolfgang v. Goethes Leben' 1849:

... Da ich um diese Zeit bald nach dem Tode des Großherzogs Karl August in Folge eines diesen Fall betreffenden Gedichts, durch Kanzler v. Müller veranlaßt, Gelegenheit fand, Goethe selbst zu sehen und zu sprechen, so wird mir der Leser wohl gern ein paar Zeilen über diesen Besuch gestatten.
Es war an einem wundervollen Herbsttage, wo ich, von Weimar kommend, Dornburg erreichte.
In dem dortigen Schlosse weilte der gerade etwas kränkelnde Dichter, den sprechen zu können man mir wenig Hoffnung machte. Doch erhielt ich sogleich Audienz.
Nachdem ich einige Augenblicke in einem großen mit Sternkarten und mechanischen Apparaten austaffierten Zimmer verharrt, öffnete sich eine Seitenthüre, und es trat mir in feierlich schwarzem Anzug mit energischem Schritt und starcker, fester Haltung ernst, doch zugleich freundlich ein Mann entgegen, dessen bloßer Anblick mir schon überwältigend zur Seele drang. Aus seinen Augen leuchtete das Feuer eines Jünglings; sein Haupt war das eines olympischen Jupiter.
Die Rede kam auf das lyrische Gedicht, auf das er wenig Werth zu legen schien, ja, er ging sogar so weit, zu behaupten, daß ein Gedicht eigentlich ein Nichts sey. In's Reich der Paradoxa gerathen, ließ auch ich es nicht an kuriosen Fragen und Behauptungen fehlen, die ihn indeß doch
wohl interessieren mußten, weil er eine ganze Stunde lang anhörte und lebhaft erwiderte, bis er mir durch Aufstehen von dem Sopha, wo er mir an seiner Seite einen Platz angewiesen, das Signal zum Aufbruch gab.
Darauf in den Schloßgarten tretend und noch eine Zeitlang im Anschauen der sogenannten „Weimarischen Schweiz" die vorausgegangene Nähe des großen Genius nachfühlend, dachte ich an Egmont, Werther, Tasso und alle die herrlichen Gestalten, und sah der untergehenden Sonne zu.

In diesem Renaissanceschlößchen bewohnte Goethe wie bei seinen vorangegangenen Aufenthalten drei zur Talseite gelegene Zimmer im ersten Stock. An das Schlößchen schließt sich links ein kleiner Park an, welcher die auf einem Felsband hoch über der Saale gelegenen, drei Dornburger Schlösser verbindet.

Das Kaffeehaus des Schweizer Konditors Kintschy am Eingang der Klostergasse, unweit der Thomaskirche von Leipzig, der mit 41000 Einwohnern zweitgrößten Stadt Sachsens, war das Standquartier der schöngeistigen, politisierenden und europäisch denkenden Jugend. Ihre Hauptgesprächsthemen drehten sich um die Auswirkungen der Julirevolution 1830 in Paris auf die deutschen Länder, um den Aufstand der Polen gegen die russische Besatzung im November des gleichen Jahres und um den siegreichen Befreiungskampf der Griechen gegen die Türken.

Es war auch in Leipzig 1830 Anfang September zu einer spontanen Revolte der Studenten gegen Polizeiwillkür gekommen. Drei Tage und Nächte herrschte Anarchie. Der Verleger Heinrich Brockhaus mußte sich die Studenten zum Schutz seiner Schnellpressen kaufen, da er befürchtete, arbeitslose Drucker könnten zur Maschinenstürmerei übergehen. Unter diesen Studenten leicht zu übersehen, aber nicht zu überhören und immer vorneweg sein Schwager Richard Wagner, ein 17jähriger Gymnasiast, der die Schule schwänzte. Mit ihm war 1828 Gustav Schlesien ein phlegmatischer, scharfsinniger, spottlustiger, allwissender 20jähriger mit Bauchansatz, von der Dresdener Kreuzschule nach Leipzig gewechselt, der mit Ernst Ortlepp Freundschaft schloß. Ihn wiederum verband der Beethoven-Enthusiasmus mit dem jungen Wagner. Zur Szene im Kaffeehaus gehörte weiterhin der 26jährige Journalist Carl Herloßsohn, der soeben „Der Komet. Ein Unterhaltungsblatt für die gebildete Lesewelt" gegründet hatte, an dem Ernst Ortlepp mitarbeitete, und nicht zuletzt der 24jährige freie Schriftsteller Ferdinand Stolle. Wie der Student der Philologie Friedrich Nietzsche 1865 vermerkte, zierten die Porträts der beiden das Kaffee als er es zu seinem Stammlokal machte. Wer hier als Dichter geachtet werden wollte, mußte zum Zeitgeschehen Stellung beziehen. Ernst Ortlepps „Allgemeines Neujahrsgedicht für die deutsche Nation" von 1831 nahm Partei für bürgerliche Grundrechte, die aber am besten in einer konstitutionellen Monarchie zu verwirklichen seien. Man feierte ihn als Genie, und die Zensur wurde auf ihn aufmerksam. Sie verbot sein folgendes Osterlied für Europa und auch das Pfingstlied für Europa zuerst in Preußen und dann auch in Sachsen. Die Flugschriften waren aber bereits im Handel, und er bekam sein Honorar von jeweils 20 Talern ausgezahlt. Zum Jahrestag der Unruhen von 1830 in Leipzig trat Ernst Ortlepp mit einer gereimten Flugschrift in der Rolle des besonnenen, königstreuen Vermittlers auf und wähnte sich schon auf der sicheren Seite.

Ernst Ortlepp, 'Der 30. August in Leipzig' 1831:

>...
>**Bürger haben auch bei uns gesündigt**
>**Und zu Kindern wieder sich entmündigt**
>**Um ein lachenswerthes Possenspiel;**
>**Soll man uns mit Belgiern vergleichen?**
>**Soll der letzte Wohlstand von uns weichen?**
>**Haben wir des Glückes noch zu viel?**
>
>**Leipzig's Heil hing nicht an dem Gebote,**
>**Das die Sachsenfreiheit nicht bedrohte,**
>**Das ein Vorurteil nur von sich wies;**
>**Weisem Sinn galt's, hier nachzugeben,**
>**Und nicht neue Stürme zu erheben;**
>**Ist der Ungehorsam denn so süß?**
>...

Der Kaffeegarten von Kintschy liegt 15 Gehminuten von der Stadtzentum entfernt im Rosental, einer zum Park umgestalteten Auenlandschaft entlang des Flüßchens Pleiße.

Der Vater von Ernst Ortlepp starb am 18.2. 1831 im Alter von 66 Jahren an Gallenfieber. Ebenfalls im Februar 1831 befahl der russische Zar den Aufstand in Polen niederzuschlagen, und am 8.9. war mit der Kapitulation von Warschau der Kampf zu Ende. Beim Sturm auf die Stadt am 26.8. 1831 tat sich der 27jährige Offizier Gustaf Salomé hervor, wurde geadelt und zum General ernannt. Seine Pension ermöglichte es der Tochter Louise, 52 Jahre später Europa zu bereisen, wo sie den 38jährigen anti-Wagnerianer Prof. Emeritus Friedrich Nietzsche traf, der ihr erfolglos Heiratsanträge machte.

Die ins französische Exil flüchtenden Polen wurden 1831 in Leipzig von einem Hilfskomitee empfangen, das Heinrich Brockhaus leitete. Ernst Ortlepp warf den Gedichtband Polenlieder auf den Markt und machte sich mit der Eindeutschung der ersten Strophe eines polnischen Marschliedes „Noch ist Polen nicht verloren", welches zur Hymne des polnischen Staates werden sollte, unsterblich. Dieser Gedichtband wurde am 9.9. 1831 vom Ober-Censur-Collegium verboten, doch in Sachsen druckte die Zeitung für die elegante Welt zwei seiner Gedichte daraus ab. Im Jahr darauf erschien bei Hoffmann und Campe in Hamburg, dem Verlag von Heinrich Heine, eine Sammlung politischer Gedichte von Ernst Ortlepp.

Zum Mittagessen gingen er und seine Freunde in das Restaurant vom Hotel Stadt Berlin schräg gegenüber von Kintschy, wechselten aber 1832 in das soeben eröffnete Restaurant im Haus Zum großen Blumenberg, wo die Künstler vom Theater verkehrten. Der anschließende Verdauungsspaziergang führte sie in das unweit gelegene Rosental, wo im Sommer eine Dependance des Kaffeehauses von Kintschy lockte. Dort war bei einem Sonntagskonzert 1829 erstmals eine Komposition von Richard Wagner erklungen. Dieser hatte sich zum Herbstsemester 1831 als Musikstudent immatrikuliert, aber man fand ihn eher auf den ausufernden Festen und Gelagen zu Ehren der polnischen Emigranten.

Im Juni 1831 machte der 26jährige Dr. Heinrich Laube, angeblich auf der Durchreise nach Paris zu Ludwig Börne, in Leipzig Station. Kostümiert wie ein polnischer Offizier, beeindruckte er durch großspuriges und weltmännisches Auftreten nicht nur die Bildungsbürger, sondern dominierte sofort die Szene. Er machte den Schwestern von Wagner formvollendet den Hof und schrieb für ihn das Libretto zu einer Oper über den polnischen Freiheitskampf. Wagner fand die Handlung unter seinem Niveau, und Laube verzieh ihm das sein Leben lang nicht. Eine fulminante Theaterkritik aus seiner Feder dagegen bescherte Laube per 1.1. 1833 die Chefredaktion der Zeitung für die elegante Welt, im Volksmund „Elefantenzeitung" genannt. Eine seiner ersten Amtshandlungen war die Entlassung von Ernst Ortlepp aus der Redaktion. Von dem waren in dieser Zeitung bisher fünf Musikrezensionen über mehrere Nummern sowie fünf Gedichte auf der Titelseite des Jahrgangs 1832 erschienen. In Preußen dagegen waren alle seine Gedichte per 18.1. 1832 von der Zensur verboten worden. Von nun an mußte Ernst Ortlepp zunehmend seinen Lebensunterhalt von Gelegenheitsarbeiten wie Klavierstimmen oder Nachhilfeunterricht bestreiten.

Seinen Sommerurlaub 1833 verbrachte Laube mit dem 22jährigen Karl Gutzkow in Italien. Die Redaktion leitete währenddem Schlesier. Nach der Rückkehr des Chefs machte er Urlaub und unternahm eine Wanderreise von vier Wochen mit Ernst Ortlepp an den Rhein. Dessen Reisekasse bestand aus 25 Talern. Am 23.11. 1833 bescheinigte Laube in der „Elefantenzeitung" den Schriften von Ernst Ortlepp „unbedeutende Mittelmäßigkeit". Der hatte es in diesem Jahr gewagt, mit seinen Lob und Schmähschriften die Zensur mutwillig herauszufordern. Im Leipziger Gewandhaus war am 10.1. 1833 zum ersten Mal in Deutschland die Sinfonie C-Dur von Richard Wagner zur Aufführung gekommen.

Ernst Ortlepp, Rezension zur Aufführung der Sinfonie C-dur in 'Der Komet.' 1.3. 1833:

... Hat sich Wagner zur Selbstständigkeit erhoben, und wird, statt des Verstandes, erst sein Gemüt die Mechanik der Tonkunst handhaben, so sind wir überzeugt, daß er Großes leisten wird.
Seine Symphonie fand lauten Beifall.

Die Figurenguppe über dem Eingang der Kreuzbergkirche bei Bonn mit dem Titel ECCE HOMO zeigt Pilatus, den verurteilten Christus und einen Soldaten auf dem Balkon des Hauses von Pilatus. Ernst Ortlepp und Gustav Schlesier besuchten diese Kirche auf ihrer Wanderreise.

Vom 3.4. 1834 an gab der Davidsbund die Neue Zeitschrift für Musik heraus, deren geistiger Vater vermutlich Ernst Ortlepp war und die auch in finanzieller Hinsicht ein Erfolg wurde. Er plante ein Musikalisches-Conversations-Lexikon und soll dem Verein mehr als stiller Genießer angehört haben. Damals glaubte er noch, so wie der Halbgott Dionysos auf dem Tiger Alkohol reiten zu können, als der ihn schon zwischen den Zähnen hatte. Robert Schumann 1830 an Syphilis erkrankt, wurde zunehmend depressiv. Am 17.10. 1833 unternahm er einen Selbstmordversuch, doch schon zwei Monate später stellte er dem Verein den jungen Pianisten Ludwig Schuncke als seinen neuen Freund vor, mit dem er zusmmen wohnte und schlief. Am 19.1. 1834 starb der jüngste Bruder von Ernst Ortlepp als Student der Philologie in Leipzig, und am 7.12. des gleichen Jahres starb der Geliebte Schumanns. Neues Mitglied im Davidsbund wurde 1836 der 18jährige homosexuelle Trinker und Student der Philosophie Walther von Goethe. Mendessohn Bartholdy, der im August 1835 seine Stelle als Gewandhauskapellmeister angetreten hatte, erteilte ihm Klavierunterricht und Schumann widmete ihm seine Davidsbündlertänze.

Ernst Ortlepp, 'Über Leibeskonstitution Eß- und Trinkfreiheit' 1832:

Besingen muß ich vor allen Dingen in poetischer Prosa dich, du liebenswürdiger Schnaps! Alles stimmt zu deinem Lobe überein; Millionen jauchzen dir entzückt als dem populärsten König der Getränke entgegen! Und mit Recht! Denn wie leicht ist der Zutritt zu dir, erhabener Monarch! Jedem Bettler vergönnst du deine allergnädigste und erheiterndste Audienz in jedem Augenblick für einen lumpigen Dreier oder Sechser! Und welche Tumulte richtest du in den Köpfen an, ganz entgegengesetzt den Fürsten der Welt, welche sich alle Mühe geben, um selbige aus den Köpfen zu bringen! Zu wie vielen großartigen Revolutionen hast du schon die unternehmendsten Helden und selbst Knaben des Volkes begeistert! Ist das nicht herrlich von dir? –
Doch nein, auch du bist, wie unsere neuesten anti-idealen Philosophen zeigten, nicht von reiner Gesinnung beseelt, indem du dich zum Manne des Volkes machst, es ist auch bei dir keine andere Triebfeder dazu vorhanden, als der Ehrgeiz und der Eigennutz!

   Du willst nur getrunken sein; weil schon das Hinabgleiten in vertrocknete Kehlen dir ein höchst angenehmes Gefühl gewährt, und weil du auf diese Art, nämlich durch das Getrunkenwerden, erst zur energischen Äußerungen deiner Existenz gelangst. In den Bouteillen, ach da stehst du zwar höchst funkelnd und blitzend, aber auch höchst todt und leblos da! Aber sobald der Wirth dich einschenkt in ein kleines Gläschen, dergleichen du vor allen liebst, wie regst du dich da schon und wirst munter, wie funkelst du im Scheine des Lichtes noch einmal so hell und golden! Und dann, wenn du in die Nähe des Mundes kommst, wie zitterst du schon in geistigem Duft hervor, und wie brodelst, kochst und brennest du erst, wenn die Reise durch die Gurgel geht!

   Hierauf aber – welche große Momente treten für dich ein! Sobald der Mensch dich im Leibe trägt, so hast du ihn unbedingt – er steht zu deiner Disposition – du kannst mit ihm machen, was du willst – er ist dein Sklave! Du kannst ihm geradewegs in's Gehirn steigen, wo du am liebsten thronst, und nicht allein die Bewegung seiner Glieder, sondern auch die seiner Seele lenken. Du kannst ihn Weisheit predigen lassen, dergleichen die größten Philosophen nicht besitzen – du kannst ihn in Disputationen, in Wettkämpfe des Schimpfens und Fluchens, du kannst ihn in Prügeleien verwickeln, du kannst ihn unter den Tisch oder auf die Straße werfen, du kannst ihn um Auge, Arm oder Bein bringen, du kannst sogar seiner Frau noch befehlen, daß sie ihn tüchtig durchbläut, wenn er nach Hause kommt – genug, du hast über ihn eine Gewalt, wie der größte Tyrann sie niemals über seine Unterthanen besessen hat.

Im Haus Zum Arabischen Coffee-Baum in der Bildmitte befindet sich seit 1720 eine Gastwirtschaft. Dort gründete der Freundeskreis um Robert Schumann am 8.6.1831 den Davidsbund am Stammtisch neben der Theke.

Der Schriftsteller Christian Wienbarg faßte 1834 die tonangebende Literaturszene unter dem Begriff Junges Deutschland zusammen, was der Zensur die Arbeit etwas erleichterte. Die Gedichtsammlung von Ernst Ortlepp Lyra der Zeit wurde im gleichen Jahr in Preußen verboten. Den poetischen Ertrag seiner Rheinreise veröffentlichte er 1834 unter dem Titel Belustigungen und Reisen eines Todten, aus Zickzacks nachgelassenen Schriften, worin er Laube als „ärmlichen Gernegroß" charakterisierte. Der bezeichnete am 22.11.1834 in der „Elefantenzeitung" das Buch als „Dokument völliger Talentlosigkeit und widerwärtigen Dünkels". Laube hatte man Anfang 1834 aus Sachsen ausgewiesen und am 26.7. in Berlin verhaftet. Im April 1835 aus der Untersuchungshaft nach Naumburg verbannt, sagte er sich am 13.12. öffentlich von den „Tendenzen des jungen Deutschland" los und denunzierte Gutzkow. Der deutsche Bundestag hatte alle Schriften des Jungen Deutschland, unter anderem wegen „Herabwürdigung der christlichen Religion", bereits am 10.12. verboten. Laube heiratete 1836 und unternahm eine Hochzeitsreise nach Straßburg, deren Festungsanlagen er im Auftrag Preußens dabei ausspionierte. Sein Nachfolger in der Redaktion der „Elefantenzeitung" wurde F. G. Kühne, der sich um ein objektiveres Urteil über Ernst Ortlepp bemühte und, nachdem das Blatt 1843 eingegangen war, 1846 in Stuttgart die Redaktion des Almanachs Europa-Chronik der gebildeten Welt übernahm. Herloßsohn, der ab 1834 ein Damen-Conversations-Lexikon in 10 Bänden herausgab, dessen Artikel zur Musik sowohl von Robert Schumann als auch von Ernst Ortlepp stammen sollen, konnte seine Zeitschrift Der Komet bis 1848 fortführen. Er starb 1849 im Leipziger Armenhaus. Stolle kam seiner Ausweisung zuvor, und wählte 1834 die Kleinstadt Grimma „freiwillig" zum Exil. Die Sensation des Jahres 1835, neben dem lang erwarteten Erscheinen des Halleyschen Kometen, war das Attentat des Korsen Fieschi auf den König der Franzosen Louis Philippe am 28.8., das dieser leicht verletzt überstand. Das Regierungsprogramm des sogenannten „Bürgerkönigs" lautete: „bereichert euch". Ernst Ortlepp nutzte die Gelegenheit sofort, um als Literat von der allgemeinen Aufregung zu profitieren und so nebenbei endlich einmal auszusprechen, was ihm auf der Seele lag. Es bedurfte einer Intelligenz vom Schlage eines Fürsten von Metternich und seines Gesandten in Dresden, um dieser nihilistischen Manifestation in Buchform mit dem Titel Fieschi. ein poetisches Nachtstück per 31.10. das Verbot zuzuerkennen. Ernst Ortlepp geriet zunehmend in Isolation. Das Interesse an seinen Schriften nahm ab und damit auch seine Einkünfte. 1835 drohte die Polizei mit Ausweisung, da er seinen Lebensunterhalt nicht mehr selbst bestreiten könne. Man hatte wohl in Dresden nicht vergessen, wie er 1831 den Unmut gegenüber der Fürstenwillkür geschürt hatte. Mit einer „allen Freunden der Religion" gewidmeten Dichtung versuchte er dagegenzuhalten, und im August 1836 bewarb er sich bei der Universität um eine Anstellung als Privatdozent. Es half nichts, am 21.11.1836 mußte er Leipzig verlassen. – Sein ehemaliger Kommilitone Grabbe war am 12.9.1836 mit 34 Jahren an Syphilis verstorben.

Ernst Ortlepp, 'Klänge aus dem Neckarthale' Der Tanz. 1852:

...
**Oft sah ich tiefgerührt den heitern Paaren
Im Winkel zu, die in des Wechsels Flug
Ein Bild von der Vergänglichkeit mir waren,
Das zu dem Ew'gen auf die Seele trug;
Oft auch gesellt' ich mich den frohen Paaren,
Und theilte den berauschenden Betrug
Des Halbgefühls, ein Wesen zu umwinden,
Für das wir kaum im Augenblick empfinden.**

Das Eingangsportal der Universität Leipzig wurde von dem sächsischen Bildhauer Ernst Rietschel nach Zeichnungen von Karl Friedrich Schinkel 1836 fertiggestellt. Bei einem 60 Jahre später vorgenommenen Umbau der Universität kam es an einen weniger repräsentativen Platz.

Weil über den folgenden Lebensabschnitt von Ernst Ortlepp besonders wenig bekannt ist, sind auch hier Mutmaßungen nicht zu vermeiden. Ernst Ortlepp und Gustav Schlesien wählten Stuttgart, die Residenzstadt des reformorientierten Königreiches Württemberg zum Exil. Sie werden zunächst die Redaktion vom deutschlandweit gelesenen Almanach Europa aufgesucht haben, denn noch im gleichen Jahr wurden darin ein Gedicht und 1837 ein Essay über Mendelssohn Bartholdy von Ernst Ortlepp abgedruckt. In diesem Jahr trat auch der 20jährige Georg Herwegh in die Redaktion des Almanachs ein. Er wohnte bis 1839 in der Friedrichstraße und mußte sich sein Brot in der Hauptsache als Übersetzer verdienen. Sein Buch Gedichte eines Lebendigen machten ihn 1841 schlagartig berühmt und erlebte in kurzer Zeit sieben Auflagen. Im Jahr darauf wurde er auf einem Triumphzug durch Deutschland mit Ehrungen überhäuft. Höhepunkt war die Einladung vom preußischen König, einem Schöngeist durch und durch. Er verabschiedete den überzeugten Republikaner Herwegh wohlwollend aus seiner Audienz als „ehrlichen Feind" und verwies ihn vier Wochen später des Landes.

Ernst Ortlepp wohnte bis 1841 in der Küferstraße, im Adreßbuch mal als Schriftsteller, Doktor oder Privatgelehrter figurierend. Wegen seiner berufsbedingt überwiegend sitzenden Lebensweise und seines nach wie vor übermäßigen Alkoholkonsums krank geworden, hielt er sich 1842 für sechs Wochen zur Kur im nahen Bad Cannstadt auf. Anschließend zog er nach Bad Berg, einem Dorf, das seit 1836 zu Stuttgart gehörte. Dort wohnte er bis 1848 zumeist als Untermieter bei Handwerkern oder gleich im Wirtshaus. Er beschrieb 1847 diese Gegend in zwei Reiseführern, die eher Reklameschriften für jene Gastwirte waren, die ihm als Gegenleistung Quartier und Verpflegung gaben. Danach fand er unweit vom Stuttgarter Hoftheater in der Friedrichstraße 37 Unterkunft.

Stuttgart war mit an die 40000 Einwohnern und mehr als 200 Literaten ein Leipzig ebenbürtiges Zentrum des Buchgewerbes. Der Verlag von Cotta mit den Autoren Goethe, Schiller, Hölderlin und Lenau sowie die Augsburger Allgemeine Zeitung war sein Aushängeschild. Es gab hier aber mehr als anderswo auch Verleger, die, wenn sie nicht gerade vom Raubdruck lebten, eine regelrechte Übersetzungsindustrie betrieben. Weil die vorhandenen Übersetzungen der klassischen und modernen Literatur mit zwei bis drei Talern für die lesehungrige Mittelschicht zu teuer waren, fand ein Wettlauf um die billigste Neuausgabe statt. Die Übertragung der Gedichte von Lord Byron durch Ernst Ortlepp kritisierte Herwegh scharf. Doch bis heute ist umstritten, ob eine adäquate Übertragung englischer Lyrik ins Deutsche überhaupt möglich ist. Ernst Ortlepp war sich der Unzulänglichkeit seiner Arbeit bewußt, aber der Verleger ließ ihm keine Zeit. Diese Umstände als Entschuldigung vorbringend, versuchte er Gustav Schwab für das Vorwort der zweibändigen Byron-Ausgabe zu gewinnen, hatte aber damit bei ihm kein Glück. Nichtsdestotrotz blieb Ernst Ortlepp bis weit in die vierziger Jahre als Übersetzer und Herausgeber gefragt. Doch der ironische Ton seiner Leipziger Jahre war ihm vergangen.

Ernst Ortlepp, 'Lieder eines politischen Tagwächters' 1843:

Stuttgart's schöne Literatur.

Stuttgart ist eine Trödelbude,
Wo mancher Buchhändlerjude
Lebt von dem Schweiß und Blute
Literarischer Handlanger,
Die stehen müssen am Pranger,
Statt daß sie könnten als Sterne
hinleuchten in die Ferne.

Eine der zahlreichen alten Kneipen in Bad Cannstadt, das heute ein Stadteil von Stuttgart ist, und in einem Weinanbaugebiet gegenüber von Bad Berg am Neckar liegt.

Seine am 5.11.1839 fertiggestellte Übersetzung sämtlicher Werke Shakespeares war ein kommerzieller Erfolg. Es folgten Übersetzungen von Peregrine Pickle und dem Dekameron. Das Jahr 1840 stand ganz im Zeichen der Feier zum 400. Jahrestag der Erfindung des Buchdrucks, zu welcher Ernst Ortlepp in gewohnter Manier ein Festgedicht beisteuerte. Nachdem er es „6 bis 8 mal durchgearbeitet" hatte, um „bei aller Liberalität" das für die Zensur Anstößige auszumerzen und die Könige von Sachsen und Württemberg mit besonderem Lob bedacht hatte, bot er es dem Leipziger Verleger Zirges an. Er prophezeite sich und Zirges einen Absatz von mindestens 20000 Exemplaren, und versicherte, daß er mit dem Gewinn seine Leipziger Schulden begleichen würde.

Am 7.6.1840 erfolgte die vom Bürgertum herbeigesehnte Thronbesteigung des 45järigen Wilhelm IV. von Preußen. Wie erhofft lockerte er die Pressezensur, um sie 1843 wieder zu verschärfen. Im Jahr darauf ließ er eine Hungerrevolten der Weber in Schlesien zusammenschießen. Nur Heinrich Heine, 1831 der Zensur überdrüssig ins Exil gegangen, konnte es sich leisten, eine Anklageschrift in Gedichtform am 10.6.1844 als Einblattdruck in 50000 Exemplaren ins Aufstandsgebiet schmuggeln zu lassen. Er hatte ein Jahreseinkommen von umgerechnet 200000 Euro, und der Französischen König unterstützte ihn. Freiligrath dem Alexander von Humboldt 1842 eine Pension von Wilhelm IV. besorgt hatte, verzichtete 1844 darauf. In dieser Situation erhielt der König zum wiederholten Mal von Ernst Ortlepp ein Huldigungsgedicht und dankte es dem Schmeichler mit einer Minipension.

Wilhelm I. von Württemberg, ein Feind der Preußischen Vormachtstellung, hatte am 27.9.1841 seinen 60. Geburtstag und das 25jährige Regierungsjubiläum gefeiert. Zum Festzug mit über 10000 Teilnehmern kamen ca. 200000 Schaulustige nach Stuttgart. Ernst Ortlepp veröffentlichte aus diesem Anlaß zwei Huldigungsgedichte, die jedoch im Trubel untergingen. Dagegen kam der Württemberger Lehrer Dingelstädt mit seinem Gedichtband „Lieder eines kosmopolitischen Nachtwächters" 1841 deutschlandweit ganz groß heraus, und die Augsburger Allgemeinen Zeitung machte ihn zu ihrem Auslandskorrespondenten. Nicht nur Heine inspirierten seine Reime, auch Ernst Ortlepp fühlte sich wieder zu politischer Dichtung ermutigt. In seinem Gedichtband Lieder eines politischen Tagwächters feierte er 1834 Herwegh, von Fallersleben und sich selbst als „Nationaltrompeter"; die Verspottung Laubes war inbegriffen.

Dingelstädt trat 1843 zum Entsetzen seiner Freunde in den Dienst von Wilhelm 1., wurde Hofrat und 1846 Dramaturg am Hoftheater. Als gleichfalls von der Literaturkritik und von Kollegen Geächteter, bot ihm Ernst Ortlepp schriftlich seinen Beistand an und versicherte kein Republikaner zu sein. Er zählte die Verdienste auf, die er sich bereits um das Ansehen des Hofes erworben hatte, kündigte, insbesondere in Hinsicht auf den russischen Zaren, weitere derartige Aktivitäten an, und bat den Hofrat um die Vermittlung einer materiellen Unterstützung durch den König. – Not kennt kein Gebot.

1857 schickte er dem Ensemble des Hoftheater seinen Liedesgruß zum großen Weimarfeste, den er aus Anlaß der Einweihungsfeierlichkeiten des Denkmals für Goethe und Schiller in Weimar gedichtet hatte.

Ernst Ortlepp, 'Schillerlieder' 1839:

... Wenn man jetzt in unserm Deutschland umherblickt, so findet man hier den völligen Abscheu vor aller freien Regsamkeit des Geistes, dort das sich Stellen, als ob man sie sogar fördern wollte, wobei man sie jedoch mit allen Künsten niederhält; so findet man hier nur Fressen und Saufen, und dort eine Sehnsucht nach dem Höhern, die sich aber in die Zeit schicken und nach andern Leuten genieren muß; so findet man hier das totale Nichts und Wiedernichts, und dort etwa nur kleine Operationen, die sich wohl fühlen, so ziemlich ungestört ihr unschuldiges Spiel treiben zu dürfen, so findet man hier Handel und Wandel und Messen und Geldaristokraten, und dort in Gebirgen, Wäldern und Einöden arme Leute mit gutem Sinn, die es aber zu nichts bringen können, weil sie nichts haben.

57 Jahre nach seiner Verhaftung und dem Verbot der schriftstellerischen Tätigkeit durch den Herzog von Württemberg, wurde dieses Denkmal für Schiller auf dem Stuttgarter Schloßplatz am 8.9. 1839 enthüllt. Den geistigen Höhepunkt des Festaktes bildete die Ansprache von Gustav Schwab.

Die literarische Sensation der Jahre 1844-45 waren die Reportageserien des Franzosen Eugene Sue, welche Elend und Demoralisierung als Begleiterscheinungen der industriellen Revolution thematisierten. Sein Roman Der ewige Jude erschien gleichzeitig in 10 Übersetzungen auf dem deutschen Markt. Dagegen kam Ernst Ortlepps Gedichtsammlung Israels Erhebung und der ewige Jude, deren erste Version 1836 erschienen war, am 23.11.1845 in Preußen auf den Index.

Ebenfalls große Aufregung in ganz Deutschland verursachte die Exkommunizierung des Kaplans Johannes Ronge am 4.12.1844, der in einem offenen Brief die Reformierung der katholischen Kirche gefordert hatte. Ernst Ortlepp schrieb sofort Ronge Lieder die, von der Zensur in Stuttgart am 13.3.1845 verboten, in Altenburg gedruckt wurden. Der Zensur genügte wahrscheinlich bereits seine Urheberschaft zum Verbot. Aus diesem Grund erschien ab 1845 seine auf 12 Bände veranschlagte Werkausgabe in einem Schweizer Verlag, der aber nach dem 3. Band in Konkurs ging. Mit 300 Versen bewarb sich Ernst Ortlepp 1847 erfolglos um eine Bibliothekarsstelle. Auch als Klaviersolist versuchte er sich, und bot Zeitungen seine Dienste als Korrespondent an. Für die Cannstadter Badchronik schrieb er Theaterrezensionen und versicherte dem Intendanten des Hoftheaters bei entsprechender Gegenleistung, ihn nie zu kritisieren.

Nachdem sein preußischer Mäzen in der Revolution von 1848 fast den Kopf verloren hätte, setzte Ernst Ortlepp alles auf den Erfolg der Frankfurter Nationalversammlung, die Wilhelm IV. zum Kaiser machen wollte. Er widmete diesem Gremium, das nach Friedrich Engels nichts als eine „Ansammlung leichtgläubiger Tröpfe" war, sein im Eigenverlag erschienenes Poem Germania. Während Karl Marx 1848 im Kommunistischen Manifest dazu aufrief, das Übel an der Wurzel zu packen und die Ausbeutung des Menschen durch den Menschen abzuschaffen, wäre Ernst Ortlepp schon zufrieden gewesen, wenn sich der neue Nationalstaat, für den er eine Nationalhymne dichtete, einen Kulturauftrag gegeben hätte. Wilhelm I. von Württemberg hatte als einziger Fürst das Frankfurter Parlament anerkannt, dessen Rest vom 6.6. bis 17.6. 1849 in Stuttgart tagte, ehe es von seinem Militär nach Hause geschickt wurde. Ernst Ortlepp erhielt vom Intendanten des Hoftheaters von Mai bis Juli 1850 umgerechnet 1320 Euro Unterstützung.

Ernst Ortlepp, 'Göthelieder' 1842:

>...
>**Nur eine kurze Frist ist uns gegeben,**
>**Dann ist's vielleicht mit uns auf ewig aus;**
>**Was es gewesen, bleibt das Künstlerleben,**
>**Ein Dichter baute selten sich ein Haus.**
>**Ich habe kein's selbst in dem Vaterlande**
>**Bin ich so fremd, als jemals einer war,**
>**Ich schmuggle mich nur ein als Conterbande**
>**Von Land zu Land und von Jahr zu Jahr.**
>
>**Oft sucht' ich schon die Sorgen zu verscheuchen,**
>**Ich will es nur bekennen, durch den Wein;**
>**Doch aus der Seele will der Wurm nicht weichen,**
>**Und doppelt war ich im Gewühl allein.**
>**Der Wein verwandelte sich mir in Thränen,**
>**Und riß mich tiefer in mich selbst hinein;**
>**Im Winkel saß ich stumm und starb vor Sehnen**
>**Und Gift ward mir ein jeder Tropfen Wein.**

Das 1840 in Bad-Berg eröffnete, im pompejanischen Stil gehaltene, Wilhelma-Theater hat ein jahrzehntelanger Dornröschenschlaf vor totaler Modernisierung bewahrt. Die Geliebte des Königs von Württemberg und ständige Begleiterin auf seinen Reisen, trat hier bis 1846 als Schauspielerin auf.

Die Königin von Württemberg bekam zu ihrem 51. Geburtstag 1851 ein Huldigungsgedicht von Ernst Ortlepp. Seiner Gedichtsammlung Klänge aus dem Neckarthal, 1852 im Eigenverlag herausgegeben, war wiederum kein Erfolg beschieden. Der damalige Literatur-Papst fand Ernst Ortlepp nicht der Erwähnung wert. Doch egal wer auch das Urteil verkündete, die Strafe für den Unterlegenen im künstlerischen Wettstreit war noch die gleiche wie beim legendären Zweikampf zwischen Marsyas und Apoll. Mit 53 Jahren stand Ernst Ortlepp abermals vor dem Nichts und wurde wegen Mittellosigkeit ausgewiesen. Seinem Freund Gustav Schlesier erging es noch schlimmer. Der hatte 1847 eine Biografie Wilhelm von Humboldts veröffentlicht und zusammen mit Heinrich Klencke 1853 eine Biografie der Gebrüder Humboldt. Die Arbeit an einer Hölderlin-Biografie konnte er nicht mehr vollenden. Wann und wo er starb ist nicht bekannt, daß er aber im Elend starb, ist gewiß. Ernst Ortlepp hatte zuletzt für ein Universallexikon der Tonkunst unter anderem den Beitrag über Robert Schumann geliefert. Der Herausgeber war Hofrat Gustav Schilling, bevor er 1857 nach zwölf Jahren Scheckbetrug unter Hinterlassung von umgerechnet sechs Millionen Euro Schulden nach Amerika entwich. Das seriöse Bürgertum indes, auf das Ernst Ortlepp gebaut hatte, flüchtete sich aus seiner Niederlage von 1848 in erhabene Resignation. Sein neuer Prophet war ein 65jähriger wohlhabender Müßiggänger Namens Schopenhauer.

Ernst Ortlepp, 'Belustigungen und Reisen eines Todten' 1834:

Es gibt noch eine vertrakte Meinung, daß ein Dichter ja ein Amt haben, die Poesie nebenher betreiben, und sich dabei recht wohl befinden könne. Soll ich Worte über dieselbe machen? So wird der Mensch in sich selbst zerfetzt; in zwei Stücke zerrissen wird er; und da soll er sich wohl befinden? Heißt's nicht: „Niemand kann zween Herren dienen?" Die Kunst ist ein unermeßliches Gebiet und die Wissenschaft ist auch ein unermeßliches Gebiet; jede einzeln fordert ein ganzes Leben, das nicht einmal für sie zureicht. Ich will doch sehen, wer nir durch bloßes Nebenhertreiben der Poesie ein Klopstock oder Schiller oder gar ein Goethe werden soll! Kunst und Wissenschaft sind total verschieden. Der Dichter faßt Alles im Ganzen und Großen auf; der Gelehrte hingegen gliedert und spaltet bis in's Kleinste; die Kunst gefällt sich im Reiche des Konkreten, die Wissenschaft im Gebiete des Abstrakten; der Künstler fühlt und ahnt, der Gelehrte grübelt und forscht. Das philosophische Trennen und Theilen ist dem Dichter am meisten zuwider, da dieser es mit dem Gegentheile, dem Vereinigen und Zusammenfassen hält, zu welchen verschiedene Geistesthätigkeiten er sich nicht zugleich abzurichten vermag.

Über den Werth der Poesie will ich nur einige Winke geben. Die Poesie ist keineswegs ein Nichtthun, ein bloßes Spielen mit Reimen und Worten, ein tändelnder Zeitvertreib, eine bloß auf flüchtiges Vergnügen berechnete Sache. Sie will den Gott im Menschen lebend erhalten, sie will den Geist beflügeln, sie will uns aus dem Schlamm des Gemeinen empor zu dem Ideale erheben, sie will auch in dem Busen des rohen Barbaren sanfte Gefühle wecken, sie will an genauere und aufmerksamere Betrachtung der äußeren Gegenstände gewöhnen, sie will unsere Leidenschaften läutern und veredeln, sie will uns aus dem Land der Überbildung und Verschrobenheit in den Tempel der Natur und Einfachheit zurückführen, sie will Verstand, Phantasie und Gefühl und alle Seelenkräfte zu einer schönen harmonischen Ebenmäßigkeit ausbilden, sie will dem Volksgeiste Schwung verleihen und die heilige Flamme der Nationalität glühend erhalten, sie will alle feindlichen Extreme versöhnen – sie will endlich mit uns leiden und sich freuen und jauchzen und die Thränen weinen, die Niemand mit uns theilt
  – o welch eine holde Freundin!

Die Villa Berg ließ Kronprinz Karl von Württemberg 1845 errichten. Er war homosexuell und heiratete mit 25 Jahren am 13. 7. 1846 die Zarentochter Olga Romanowa. Das Paar zog am 23.9. unter Jubel der Bevölkerung in Stuttgart ein, und Ernst Ortlepp widmete dem Ereignis ein Festgedicht im Selbstverlag.

Zunächst nahm Ernst Ortlepp in Schkölen Quartier und ließ im Naumburger Verlag von Heinrich Sieling ein Huldigungsgedicht für den König von Württemberg drucken, das er ihm zum 72. Geburtstag am 27.9.1853 schickte. Dann fand er Unterkunft bei seinem sechs Jahre jüngeren Bruder Moritz, der seit 1839 Diakon in Zahna war. Als der preußische König am 26.5.1854 durch Zahna kam, überreichte er ihm ein Huldigungsgedicht. Weil die dortige Gegend Ernst Ortlepp aber gar nicht zusagte, kehrte er im März 1855 ins romantische Saaletal zurück. Eine Zeitlang wohnte er wahrscheinlich bei einem Jugendfreund, dem Landkammerrat Theodor Vogt (1804–1868), der im Weiler Tümpling nahe Camburg ein umfangreiches Anwesen geerbt hatte. Ernst Ortlepp war nun entschlossen, sein Leben radikal zu ändern und hoffte sich dort in aller Ruhe auf das Examen für Gymnasiallehrer vorbereiten zu können.

Ernst Ortlepp, 'Heimweh nach dem Saalthal (in Zahna gedichtet, Anfang März) 1855':

> Was soll ich hier im fremden Heideland,
> Wo öde Fläche nur umher und Sand,
> Im kleinen Ort, wo niemand, o Poet,
> Verkannter, dein begeistert Herz versteht?
> Wo mir nicht möglich höhern Werks Beginn?
> Nach Naumburg, und nach Camburg steht mein Sinn!
>
> Dort grüßen ringsmich heimatliche Au'n,
> Ich werde meine Berge wiederschaun,
> Dort lächeln Tal und Fluß mir freundlich zu,
> Dort wiegt die Frühlingsschöpfung mich in Ruh,
> Dort wird mir wieder klarer, was ich bin;
> Nach Naumburg, und nach Camburg steht mein Sinn!
>
> Schon seh' ich Naumburger Türm' im Abendstrahl,
> Schon blinkt das stille Kloster in dem Tal,
> Es öffnet sich der Winde Felsentor,
> Die Rudelsburg blickt hinterm Wald hervor,
> Und Kösen, Saaleck mich magnetisch ziehn:
> Nach Naumburg, und nach Camburg möcht' ich hin!
>
> Dort atm' ich auf den Bergen Lebensluft.
> Ich schaue in des Tales Blütengruft,
> Dort singt mir anders Lerch' und Nachtigall,
> Dort blinken Weinberghäuser, Wald und Flur,
> Und schöner ist die Himmlische Natur.
>
> Dort schlingt sich wohl auch manches Freundschaftsband,
> Und mancher beut das Herz im Druck der Hand;
> Mein trautes Schkölen, Dir auch meinen Gruß,
> Dir ewgen, heißen Dank und geist'gen Kuß!
> Hier ist nur Geistverlust, dort Geistgewinn,
> Nach Naumburg, und nach Camburg muß ich hin!

Die Saaleaue und der Naumburger Dom. Seitdem Ernst Ortlepp das Saaletal 1830 verlassen hatte, war mit dem Bau einer Eisenbahnlinie 1846 zwischen Leipzig und Weimar, die dem Flußlauf folgte, dort die Idylle ewas verloren gegangen. Dafür gab es nun mehr Gastwirtschaften.

Ernst Ortlepp, 'Naumburger Kreisblatt' Titelseite 24.12. 1855:

Zum Weihnachtsfeste.

    Und ob auch Nacht und Dunkel herrschen mag
Jetzt, wo der Winter gönnt nur halbenTag,
Ob rings die Fluren leichenweiß,
Und streng ihr Scepter führen Schnee und Eis,
Erhellt die Finsternisse nah und fern
Doch immer noch der alte Weihnachtsstern.

    Und ob manch Auge auch voll Thränen wär'
Und manche Brust von bangen Sorgen schwer,
Das Auge schaut den Stern mit stiller Lust,
Und froher athmet die bedrückte Brust,
Denn einen Himmelsstrahl von Freud' und Glück
Bringt doch die heil'ge Weihnacht stets zurück.

    Und noch mehr als Winterfrost und Schnee
Die Welt bedrücken mag der Zeiten Weh,
Und ob der Theurung lastend Strafgericht
Auch vielen Tausenden nur Dornen flicht,
Steigt doch der Gottessohn vom Himmelszelt
Stets geistig noch hernieder in die Welt.

    Zu Eltern und zu Kintern tritt er ein,
Macht Wohnung dort bei hellen Lichterschein,
Und ob die Zeit voll arger Trauer wär',
Er gießt herab ein selges Wonnemeer,
Das auch den bängsten Busen sanft durchdringt,
Und jede müde Seele neu beschwingt.

    So freut Euch denn des Festes Arm und Reich,
Nehmt Theil an dem gebot'nen Himmelreich!
Erfreuet Alle, die ihr kennt und liebt
Mit Gaben, wo Gott selbst den Sohn Euch giebt!
Gebt, sei es wenig, oder viel, nur gern,
Denkt, dem der giebt, ist Christus niemals fern!

    So macht aus diesem Fest der schweren Zeit
Ein Fest der Wonne und der Seligkeit!
Helft auch den Armen! Ja, seid mild und gut!
Gott schreibt Euch Alles hoch an, was ihr thut!
Und dann fällt auch ein Strahl vom alten Glück
Am Weihnachtsfest in Eure Brust zurück.

Gegenüber vom Schloß Tümpling am Hochufer der Saale liegt die im 11. Jahrhundert erbaute Cyriakskirche, welche seit 1539 eine Ruine ist. Der Guts-, Schloß- und Fabrikbesitzer Landkammerrat Theodor Vogt bekam von Ernst Ortlepp zum Geburtstag ein Gedicht dediziert, das leider nicht ganz überliefert ist.

Am Topfmarkt von Naumburg, einer Kleinstadt von 13600 Einwohnern, befand sich die Knabenbürgerschule, welche Friedrich Nietzsche von 1850 bis 1853 besuchte. Nach dem Willen seiner Großmutter sollte er dort die Kinder des einfachen Volkes kennenlernen. Die gaben ihn den Spitznamen „kleiner Pastor". Seine Tante Rosali dagegen, der Erweckungsbewegung nahestehend, war bestrebt ihn und seine Schwester nach pietistischen Grundsätzen zu erziehen. Er war ein extrem folgsames Kind und ständig bemüht, die Prinzipien der Erwachsenen in die Tat umzusetzen.

Schräg gegenüber von der Schule befand sich im Haus Topfmarkt 415 seit 1847 Verlag und Druckerei von Heinrich Sieling. Dort wurde das Naumburger Kreisblatt hergestellt und zweimal in der Woche kostenlos an alle Haushalte verteilt. Auf seiner Titelseite prangte zum 58. Geburtstag des preußischen Königs 1853 ein Gedicht von Ernst Ortlepp mit dem Titel Am 15. Oktober. und der ersten Zeile „Hoch Preußenland! Hoch Preußenland!". Man konnte ihn zu dieser Zeit, wenn er gemessenen Schritts die Zeitungsredaktion ansteuerte, auf den ersten Blick für einen Geistlichen vom Lande halten, denn er trug wahrscheinlich die Sachen seines Bruders auf. Bis Ostern 1864 druckte das Naumburger Kreisblatt an gleicher Stelle an den Feiertagen der Monarchie und an christlichen Feiertagen über 50 Gedichte von Ernst Ortlepp ab, die aus bis zu 21 Versen bestehen konnten. In ihnen ließ er, so wie sich das in einer frömmelnden Beamtenstadt eben gehört, keinen staatstragenden Gemeinplatz aus, einschließlich der Vertröstung der Zukurzgekommenen auf ein schönes Leben nach dem Tod. Aber er kritisierte auch das unsoziale Verhalten der Reichen, besonders in Hinsicht auf den schöngeistig Strebenden, und appellierte an ihr Barmherzigkeit.

Ernst Ortlepp, 'Lieder eines politischen Tagwächters' 1843:

> ...
> Mich ekelt diese allgemeine Kleinheit,
> Mir ist nicht wohl in dieser Lumpenwelt,
> Ich hasse diesen Schauplatz der Gemeinheit,
> Wo alles ist auf Sklaverei gestellt.
> Wie lässt sich hier noch etwas hohes denken,
> Wenn der Gedanke nicht mehr leben soll?
> Nach welchem Ziele soll die Kraft sich lenken,
> wenn jeder Geistesschwung erscheint als toll?
> ...
> Zwar ist der Schwung auch meiner Kraft gebrochen,
> Ich fühle krank mich in dem tiefsten Kern,
> Doch als Skelett auch, nur in Haut und Knochen
> Würd' ich noch blicken nach dem rechten Stern;
> Seht, Armut, Krankheit, Mangel sind drei Dinge;
> Von denen zur Entgeist'rung eins genügt,
> Doch sterbend regt der Aar noch seine Schwinge,
> Und wenn er tot auch niederfällt, er fliegt.

Friedrich Nietzsche, Textfragment aus dem Nachlaß 1875:

Welch schlechte Luft blies mich an, als ich Kind war! Wann waren die Deutschen dumpfer ängstlicher muckerhafter kriecherischer als in jenen fünfziger Jahren, in denen ich Kind war!

Die Wenzelsgasse in Naumburger verbindet den Topfmarkt mit der Neustraße. In der Neustraße 483 Ecke Neugasse wohnte die Großfamilie Nietzsche von April 1850 bis Sommer 1856.
Das Haus wurde am 9.4.1945 durch eine Fliegerbombe zerstört und nicht wieder aufgebaut.

Zur Vorbereitung auf das Gymnasium besuchte Nietzsche von Ostern 1853 bis Oktober 1855 eine am westlichen Ende der Naumburger Neustraße gelegene Privatschule. Sie wurde vom Pfarrer Carl Weber geleitet, dessen Trunksucht sich zu dieser Zeit noch nicht herumgesprochen hatte.

Im September 1853 kam der König von Preußen mit seinen beiden Brüdern nach Naumburg, um dort, wo sein Vorgänger 1806 von Napoleon vernichtend geschlagen wurde, einem Manöver der Feldartillerie beizuwohnen. Im Verklauf der Übung besuchte Wilhelm IV. auf Einladung der Provinzialstände die Rudelsburg, wo für ihn ein Frühstück vorbereitet war. Der Wirt der Burgschänke, ein deutschlandweit bekanntes Original, reichte ihm zum Willkommen in aller Aufregung einen leeren Bierhumpen.

Friedrich Nietzsche, 'Aus meinem Leben' August 1858:

... Doch da fällt mir noch etwas ein, was ich im früheren Logis erlebt habe. Auch unser lieber König beehrte Naumburg mit seinen Besuch. Große Vorbereitungen waren hierzu getroffen. Die ganze Schuljugend war mit schwarz u. weißen Schleifen geschmückt und harrte sehnlich des kommenden Landesvaters. Auch waren auf dem Marktplatz um 11 Uhr aufgestellt. Allmählig ergoß sich ein Regen über uns alle, der Himmel trübte sich u. der König wollte nicht kommen. Es schlug 12, der König kam nicht; bei vielen Kindern stellte sich Hunger ein. Es regnete von neuem und alle Straßen wurden in Koth verwandelt. Es schlug eins die Ungeduld stieg aufs höchste. Endlich um 2 Uhr begannen plötzlich die Glocken zu läuten, der Himmel lächelte mit Thränen im Blick nieder auf die freudig wogende Menge. Da hörten wir die Wagen rasseln, ein tobendes „Hurrah" durchbraußte die Stadt. Jauchzend schwangen wir die Mützen und brüllten nach Vermögen unsrer Kehle mit. (Die ganzen Gewerbe Naumburgs waren mit Fahnen und Feierkleidern vom Jakobsthor bis zur Herrenstraße aufgestellt.) Ein lustiger Wind setzte die unzähligen Fahnen, die von den Dächern herab winkten, in Bewegung, die gesammten Glocken brummten, die mächtige Menschen masse schrie u. tobte und schob förmlich die Wagen nach dem Dom zu. Dort waren in den Kirchennischen eine große Anzahl Mädchen mit weißen Kleidern u. Blumenkränzen im Haar aufgestellt. Der König stieg hieraus, belobte die Vorbereitungen u. begab sich in die für ihn bereitete Wohnstätte. Den Abend war die ganze Stadt illuminirt. Ungemein viel Menschen durchwogten die Straßen. Die Kranzpyramiden am Rathhaus u. am Dom waren von unten bis oben mit Lämpchen bedeckt. Eine Menge Transparents zierten die Häuser. Auf dem Domplatze wurde Feuerwerk angezündet, so daß oft der düstere Dom in geisterhafter Beleuchtung vor uns stand.

Ernst Ortlepp, 'Klänge aus dem Neckarthal' 1852:

Unter blühndem Mandelbaume.

Unter blühndem Mandelbaume
   Steh ich jetzt allein, allein,
Und im weiten Weltenraume
   Nenn' ich nichts als Thränen mein.

Unter blühndem Mandelbaume
   Wäre mir schon recht mein Grab,
Denn er wehte wie im Traume
   Manche Blüthe wohl herab.

Die Jüdengasse in Naumburg mit dem Durchgang zum Topfmarkt. In dieser Stadt gab es damals aber keine Juden mehr, denn sie waren 1494 unter Mitwirkung des Bischofs gewaltsam vertrieben worden.

Ernst Ortlepp hat um das Jahr 1855 das Lehrerexamen für Griechisch und Latein in Halle abgelegt. Eine Anstellung fand er aber nicht. Man traute ihm die Läuterung zum staatstragenden Beamten wohl nicht mehr zu. Seine „Pension" im Wert von umgerechnet etwa 150 Euro monatlich, die ihm das Huldigungsgedicht von 1844 an Wilhelm IV. eingebracht hatte, und die auch von dessen Nachfolger an ihn aus Berlin überwiesen wurde, nahm Druckereibesitzer Sieling (1810–1868) treuhänderisch entgegen. Das Geld wurde dann vom Spediteur Kettner nach Schkölen mitgenommen. Ihm war aufgetragen, Ernst Ortlepp davon nur die tägliche in Rationen von 2,5 Silbergroschen auszuhändigen, damit der nicht alles auf einmal vertrinken konnte. Auch von manchem ehemaligen Pfortenser Mitschüler wie Otto von Manteuffel (1805–1882), dem damaligen preußischen Ministerpräsidenten, bekam Ernst Ortlepp ab und an Geldgeschenke. Für 1 bis 2 Srg. (30 Silbergroschen = 1 Taler = 60 Euro) bot er sich Analphabeten als Briefeschreiber an. Ein Tagelöhner auf dem Land verdiente damals zur Erntezeit in 11 Stunden harter Arbeit 10 Srg., und eine Weißnäherin in Berlin 4 Srg. am Tag. Die Mutter von Nietzsche bekam jährlich 110 Taler Witwenrente. Es ist bezeugt, daß Ernst Ortlepp den Rest seines Geldes an arme Kinder verteilte. Kurzum: Seine Lebensumstände waren dergestalt, als hätten sie dem Maler Karl Spitzweg 1837 zum Vorbild für das Gemälde Der arme Poet gedient.

Ernst Ortlepp, 'Lieder eines politischen Tagwächters' 1843:

Disharmonien.

Gegenüber wohnt ein armer Mann,
Der kaum sein Brod verdienen kann, –
Sein Herz ist weich – er theilt in Noth
Gern seinen letzten Bissen Brod,
Und thäte gern des Guten mehr,
Wenn er es nur im Stande wär';
Kränkt Niemand, schlecht von keinem spricht,
Erfüllet jede Menschenpflicht, –
Und dennoch wird ihn Niemand preisen
Ein armer Lump ist er geheißen.

Ernst Ortlepp, Brief an Ferdinand Stolle in Dresden, Naumburg den 6.12. 1856:

... Der Bäcker Furch dahier, bei dem ich wohnte, oder vielmehr dessen Frau, nahm mir, nach ihrer Rückkehr aus vierteljährlichem Zuchthaus, erst das Bett weg, und zwei Tage darauf hatte sie alle meine Manuskripte, Papiere und Effekten in den offen stehenden Koffer und Kiste zusammen und durcheinander geschmissen. Ich hatte das Logis auf monatliche Kündigung gemiethet, und das böse Weib jagte mich ohne alle Kündigungen mir nichts dir nichts aus dem Hause, um mein Zimmer zu dem Schkölener Jahrmarkte zu benutzen. ...

Nachdem Ernst Ortlepp im Spätsommer 1856 seine Unterkunft in Schkölen verloren hatte, zog er wieder von Ort zu Ort, von Markttag zu Markttag, von Gasthaus zu Gasthaus, klavierspielend, singend, rezitierend, seine Gedichte zum Kauf anbietend und bettelnd. Er übernachtete bei Bauern, Nachtwächtern oder im Heu, wurde krank, und traf Anfang Dezember völlig abgebrannt in Naumburg ein.
In diesem Jahr starb am 17. 2. mit 59 Jahren Heinrich Heine, und am 29.7. der 46jährige Robert Schumann an Syphilis.

Das Zentrum der Kleinstadt Schkölen. Unmittelbar vor der Kirche ist der stattliche Pfarrhof zu erkennen, in dem Ernst Ortlepp als Kind von 1806 bis 1824 und von 1824 bis 1830 gelebt hatte.
In seinen Werken taucht Schkölen anfangs als „Grundehrlichswalde", später als „Dunkelstädt" auf.

Die Seiltänzerfamilie Weitzmann in der Naumburger Weingasse 354 nahm Ernst Ortlepp auf und gab ihm eine Anstellung als Hauslehrer. Mit der Übersiedlung des renommierten Verlages von Louis Garcke nach Naumburg im Jahr 1855 hatte sich für ihn eine zusätzliche Verdienstmöglichkeit eröffnete. Dieser Verlag gab ab 1856 die Zeitung Thüringer Volksbote heraus, welcher sich die Volksbildung zur Aufgabe gestellt hatte und auch Gedichte von Ernst Ortlepp abdruckte. In diesem Verlag erschien 1856 seine Gedichtsammlung Klänge aus dem Saalthal, die Nietzsche höchstwahrscheinlich gekannt hat. 1857 erhielt der Stuttgarter Verleger Baron Freiherr Cotta von Cottendorf von Ernst Ortlepp einen durch Krankheit verzögerten Neujahrsgruß einschließlich der Bitte um materielle Unterstützung mit der Versicherung „Ich trinke nichts mehr als Wasser und Kaffee und komme in kein Wirtshaus".
Im Verlag von Garcke erschien zwischen 1857 und 1858 ein dreibändiges Universallexikon zu einem konkurrenzlos niedrigen Preis, an dem Ernst Ortlepp sicher intensiv mitgearbeitet hat. Zur Feier der Einweihung des Denkmals für Goethe und Schiller am 4.9. 1857 in Weimar verfaßte er ein vielstrophiges Gedicht. Mit dem Jahresende 1857 mußte der Volksbote sein Erscheinen einstellen, und im Juni 1859 ging der Verlag in Konkurs. Garcke wurde steckbrieflich gesucht und floh nach Amerika.
Damit war die letzte Hoffnung auf ein gesichertes Einkommen für Ernst Ortlepp zunichte geworden.

Ernst Ortlepp, Annonce in der Zeitung 'Thüringer Volksbote' 1856:

> **Zur Anfertigung von Gelegenheitsgedichten empfiehlt
> sich und sieht derartigen angemessenen Aufträgen zur
> pünktlichen Besorgung gegen billige Rechnung entgegen
> Ernst Ortlepp, Literat, der Zeit in Naumburg,
> Weingasse 354, ganz nah am Wenzelsthor.**

Der Höhepunkt des Jahres für Naumburg und Umgebung war, neben dem Jahrmarkt zur Peter-Paul-Messe, das Hussiten-Kirschfest am letzten Wochenende im Juli, das seinen Ursprung in der folgenden Legende hat. Im Jahre 1432, als sich die Stadt von den anrückenden Hussiten mit Brandschatzung bedroht fühlte, verfiel der Schulmeister auf die Idee, seine Schutzbefohlenen nur mit einem weißen Hemd bekleidet dem Heer entgegenzuschicken, und o Wunder, – die Kinder kehrten mit Kirschen beschenkt zurück. Der wilde Haufen zog einfach weiter, und die braven Bürger hatten allen Grund ihre Errettung zu feiern.
Auch im Jahre 1856 begannen die Festlichkeiten aus diesem Anlaß traditionsgemäß mit einem Umzug durch die Stadt zur Marienkirche, wo in einem Gottesdienst der glücklichen Fügung gedacht wurde. Danach ging es hinaus auf den Platz vor dem Schützenhaus zum Vogelschießen für Jung und Alt. In der Mitte der Festwiese stand das Musikzelt, umgeben von den Zelten der Innungen. Die führenden Konditoreien Naumburgs Furcht und Herfurt hatten Verkaufsstände, aber es gab auf dem Platz kein einziges Restaurationszelt.
Beim größten Volksfest in der pietistisch geprägten Stadt war Alkoholausschank verboten. Die industrielle Revolution hatte Mitte des 19. Jahrhunderts nicht nur das Elend unter der arbeitenden Bevölkerung verbreitet, sie ermöglichte auch die billige Herstellung von Alkohol. Schnaps wurde fast zum Grundnahrungsmittel der ärmeren Schichten, und oft war er sogar Bestandteil ihrer Entlohnung. Im Jahr 1830 erreichte der durchschnittliche Branntweinkonsum in Preußen pro Erwachsener 40 Liter, und die kirchlichen und bürgerlichen Mäßigkeitsvereine hatten Hochkonjunktur.

Eine etwas exklusivere Attraktion im Saaletal waren die Schulfeste von Pforta, die im Frühling und im Herbst als Bergtag auf einer Wiese oberhalb des ehemaligen Klosters stattfanden.
Ernst Ortlepp wird diese Gelegenheit nicht versäumt haben, der erinnerungsträchtigen Stätte seiner Jugend einen Besuch abzustatten. Auch Nietzsche besuchte spätestens seit 1855 diese Feste.

Eine Ausflugsgaststätte an der Fähre zum Blütengrund bei Naumburg, und die Weinberge an der Saale. Wo auch immer es im Saaletal etwas zu besingen gab, sei es nun eine Hochzeit oder ein Todesfall, Ernst Ortlepp war mit seiner Dichtkunst zur Stelle.

Am 26.12.1856 begann Nietzsche ein Tagebuch, das er später bis auf eine Seite verbrannt haben soll. Er träumte davon, Komponist zu werden und wünschte sich zu seinem 13. Geburtstag Sonaten von Beethoven. An der sogenannte Musengrotte, die Ernst Ortlepp oft zum Nachtlager gedient haben mag, ist Nietzsche auch später auf dem von ihm bevorzugten Fußweg ins Internat von Schulpforta oft und zu jeder Tageszeit vorbeigekommen. Sein dramatischer Entwurf von 1857 über den Sinnsucher Alfonso, könnte eine Begegnung mit Ernst Ortlepp an diesem Ort beschreiben:

> Grotten durchsucht er mit emsiger Unruh und Höhlen
> Da in der Einen ist endlich Gewährung geworden.
> Denn er findet den Greis, das Mittagsmahl traulich verzehrent
> Fremdling so ruft er was treibt dich
> Meine so schwer aufzufindende Wohnung zu suchen;
> Und es erwiedert bescheiden Alfonso den Alten.
> Keine Begierde dich würdiger Greis zu bewundern
> Treibt mich hieher doch Antwort auf selbige Frage
> Was man als glücklich verehrt und wie man zu sein auch erreichet
> Und er erwiedert: O komm in die niedrige Höhle
> Stärk dich mit Speise und Trank darauf will ich
> Dir das berichten was Solon der Weise so nennet.
> Und er führt hinab; auf steinernen Herde da prasselt
> Lustig das Feuer, vom Alten erreget
> Und bald sandte derselbe die Dampfende Speise zum Tische
> Auch der süßliche Wein in hölzerne Kruge gegossen
> Füllet den Tisch und Honig von stämiger Eiche
> Nüsse vom Walde wie Beeren von röthlicher Farbe
> Alles vom Greise mit Mühe gesuchet zur Nahrung
> Auch ein Eichhorn erfreut den Alten mit Sprüngen
> Und sie sprechen zusammen; doch jener verschweigt seinen Namen
> ...

Friedrich Nietzsche, Textfragment aus dem Nachlaß 1883:

Wenige verstehn es, vornehm zu bleiben auch in der Verwesung: und lieber noch sehe ich den Schamlosen und seine Unschuld als die verrenkten Augen eurer Andacht und Huldigung!

Friedrich Nietzsche, 'Ecce homo' 1888:

>Warum ich so klug bin.
>4.

Mit Byrons Manfred muss ich tief verwandt sein: ich fand alle diese Abgründe in mir, – mit dreizehn Jahren war ich für dies Werk reif.

Die Grotte am sogenannten Rektorweg von Naumburg nach Pforta wurde 1838 angelegt. Die Säule in ihrer Mitte trug die Inschrift MUSIS SACRUM. Hier traf sich Nietzsche im Sommer 1860 manchmal mit seinen Angehörigen oder Freunden, wenn er Sonntags zwei Stunden Ausgang in Pforta hatte.

Im August 1856 war Nietzsche für längere Zeit allein zu Hause und unternahm viele Wanderungen mit seinem Schulfreund Wilhelm Pinder. Anfang 1858, in seinem letzten Semester am Domgymnasium, war er wegen beständiger Kopfschmerzen vom Unterricht beurlaubt und trieb sich täglich in der weiteren Umgebung der Stadt herum. Dem Ehrgeiz und den Beziehungen seiner Tante hatte er es zu verdanken, daß er im Herbst in das Schulinternat Pforta wechseln mußte. Seine Mutter war froh, eine Erziehungsaufgabe und deren Kosten weniger zu haben. Für ihren Sohn galt es, sich nun intensiv auf die neuen Anforderungen vorzubereiten. Er erhielt nicht nur Schwimmunterricht und Nachhilfestunden, sondern er beschloß auch, ab Februar jeden Abend ein Gedicht zu schreiben, denn eine gute Note im sogenannten Tertianergedicht war entscheidend für die Stellung in der Schülerhierarchie von Pforta. Weit und breit gab es nur einen, der ihn in dieser Kunst voranbringen konnte, und das war der Dichter, von dem die Klänge aus dem Saalthal stammten und von dem seine in Bildungsfragen maßgebende Tante seit langem ein Gedicht in Abschrift aufbewahrte. Was Wunder, wenn der dreizehnjährige Nietzsche, der sich nach männlicher Führung sehnte, und Ernst Ortlepp, der die Not des strebenden und etwas verschroben wirkenden Knaben aus eigener Erfahrung kannte, sich nähergekommen sind. Am 16.5.1858 verließ Ernst Ortlepp Naumburg und ging mit der Seiltänzerfamilie auf Tournee nach Thüringen.

Ernst Ortlepp, 'Belustigungen und Reisen eines Todten' 1834:

... Nur du, ewig treue Natur, umfängst die verzweifelte Brust mit tausend Liebesarmen, und lässest in dir uns Alles finden, was wir bei Menschen vergebens suchen! Ach, wenn unsere Seele voll Betrübnis ist und unsere Brust voll Wunden, und kein Auge unsere Thränen sieht, und kein Ohr unsere Seufzer vernimmt, dann bleibst doch du uns mit deinen Gebirgen und sanften Thälern und Flüssen und blumigen Wiesen und schimmernden Wäldern, unsere Seele zu erheben, zu erheitern und einzulullen in den tiefen Frieden seliger Vergessenheit.

Friedrich Nietzsche, 'Aus meinem Leben' 1858:

... Von Kindheit an suchte ich die Einsamkeit und fand mich da am wohlsten, wo ich mich ungestört mir selbst überlassen konnte. Und dies war gewöhnlich im freien Tempel der Natur, und die wahrsten Freuden fand ich hierbei.

Friedrich Nietzsche, Textfragment aus dem Nachlaß 1885:

> **Die orgiastische Seele. –**
>
> Ich habe ihn gesehn: seine Augen wenigstens –
> es sind bald stille, bald grüne und schlüpfrige Honig-Augen
> sein halkyonisches Lächeln,
> der Himmel sah blutig und grausam zu

Friedrich Niezsche, Textfragment aus dem Nachlaß 1884:

wer Freude an einem außerordentlichen Geiste hat, muß auch die Bedingungen lieben, unter denen er entsteht – die Nöthigung der Verstellung, Ausweichung, Ausbeutung der Gelegenheit; und das, was geringeren Naturen Widerwillen, im Grunde Furcht einflößt, zumal wenn sie den Geist als solchen hassen –

Das Saaleufer am Blüthengrund bei Naumburg. Entlang dieses Uferwegs führte, nach dem Bericht seiner Mutter, der Lieblingsspaziergang von Friedrich Nietzsche

Auf dieser Gastspielreise kam Ernst Ortlepp im Mai 1858 nach Weimar und suchte dort den berühmten, mittlerweile 60 Jahre alten Dichter Hoffmann von Fallersieben in seiner Wohnung auf. Wegen seines Gedichtbandes Die unpolitischen Lieder hatte Fallersleben 1842 die Professur verloren und war 39-mal ausgewiesen worden. Hin und wieder besuchte er seinen alten Freund Prof. Karl Steinhart in Pforta. Ernst Ortlepp wird ihm dort oder in Naumburg, wo von Fallersleben sein 1848 erstrittenes Ruhegehalt von 375 Taler jährlich abholen mußte, schon einmal begegnet sein. In Meiningen angekommen verfaßte Ernst Ortlepp für das Meininger Tageblatt zum 58. Geburtstag des Herzogs von Sachsen-Meiningen am 17.12. 1858 ein Huldigungsgedicht. Der von seinen Untertanen heiß geliebte Herzog war ein Befürworter großdeutscher Einigungsbestrebungen und damit erklärter Feind Preußens.

Nach der Trennung von der Gauklertruppe begab sich Ernst Ortlepp auf eigene Tournee durch die Wirtshäuser. Dort war er, nach seinen eigenen Worten ein „echter fahrender Schüler", nicht ungern gesehen. Am Klavier singend und rezitierend, konnte er, einmal in Fahrt gekommen, mit seinem sarkastischen Witz ganze Gesellschaften unterhalten. So auch 1858 im Camburger Fürstenkeller, wo er im Kreise von Studenten das 300. Jubiläum der Universität Jena mitfeierte und bedichtete. Oder im Herbst 1862, als er mit einer im Predigerton gehaltenen Epistel das Gasthaus Himmelreich bei Bad Kösen einweihte.

Hoffman von Fallersleben, 'Mein Leben' 1868:

... Er machte einen sehr traurigen Eindruck. Ich wußte nicht, was ihn zu mir herführte. Er war mit einer Gauklergesellschaft herübergekommen, der Vorsteher derselben hatte ihn zum Lehrer seiner Kinder angenommen und glaubte wirklich auf diese Weise den Tiefgesunkenen noch retten zu können. Ortlepp war durch diese Stellung vor Noth gesichert und behielt Zeit genug, um sich aus dem Bummlerleben an eine würdige Thätigkeit nach und nach zu gewöhnen. Ich stellte ihm vor, er möchte doch seine jetzige Muße darauf verwenden, seine Lebensgeschichte zu schreiben. Er hörte sich Alles ruhig an, meinte dann aber, seine jetzige Lage sei der Art, daß sie ihn zu keiner litterarischen Thätigkeit kommen ließe. Er dankte für meine Theilnahme und schied nachdenklich und bewegt, so daß ich wirklich Hoffnung hatte, mein guter Rath könnte vielleicht von guter Wirkung sein. Meine Hoffnung war umsonst. Nach einigen Tagen traf ich ihn in der Sonne. Er war in einem seiner gewöhnlichen Zustände, sprach griechisch und allerlei Unsinn.
Später hörte ich, daß er sein wüstes Bummlerleben beharrlich fortführe, sich im Herzogthum Sachsen herumtreibe und mitunter von Schulpforta unterstützt werde.

Friedrich Nietzsche, Textfragment aus dem Nachlass 1884:

Die ausgezeichneten Geister mißrathen leichter; ihre Leidensgeschichte, ihre Krankheiten, ihre Empörung über das dreiste Tugend-Gequieke aller sittlichen Gänseriche usw.
Alles ist gegen sie verschworen, es erbittert sie, überall nicht am Platze zu sein. –

Friedrich Nietzsche, 'Die fröhliche Wissenschaft' 1882:

213.

Der Weg zum Glücke. – Ein Weiser fragte einen Narren, welches der Weg zum Glücke sei. Dieser antwortete ohne Verzug, wie Einer, der nach dem Wege zur nächsten Stadt gefragt wird: „Bewundere dich selbst und lebe auf der Gasse!"
„Halt, rief der Weise, du verlangst zu viel, es genügt schon sich selber zu bewundern!"
Der Narr entgegnete: „Aber wie kann man beständig bewundern, ohne beständig zu verachten?"

Das Saaletal mit der Ruine der Rudelsburg, in welcher am 15. 7. 1848 der Kösener Senioren-Convents-Verband gegründet wurde. Dort trafen sich ab 1855 jedes Jahr zu Pfingsten die Korpsstudenten aus Jena, Halle und Leipzig zu einem wüsten Saufgelage, der sogenannten Fuchstaufe.

Ernst Ortlepp traf Anfang September 1858 wieder in Schkölen ein, wo er bei Töpfermeister Krieg unterkam. Am 24.12.1858 meldete das Naumburger Kreisblatt seine Verurteilung durch das Kreisgericht Naumburg zu vier Wochen Gefängnis, weil er den Gottesdienst in Schkölen durch lautes Sprechen gestört habe. Der dortige Probst Chrisoph Harnisch war ein Mitschüler von ihm in Pforta gewesen. Gut möglich, daß er die Strafe im Naumburger Stadtgefängnis absaß, welches sich in der zweiten und dritten Etage des Turmes vom Marientor befand. Anschließen brachte man ihn nach Zeitz in die Landarmen- und Korrektionsanstalt. Zur Verhängung dieser sogenannten Korrektiven Nachhaft, welche bis zu zwei Jahren dauern konnte, waren auch die Polizeiorganen ohne gerichtliches Verfahren berechtigt.

Unweit der Marienkirche und dem Spritzen- und Waisenhaus, wohnten im Haus hinter der Marienmauer 621 vom Juli 1856 bis September 1858 die Pastorenwitwe Franziska Nietzsche mit ihren beiden Kindern. Im Sommer wurden sie jeden Morgen von einer Militärkapelle geweckt, deren martialische Klänge aus der Artilleriekaserne hinter der Stadtmauer herüberschallten. Besonders erhebend war das am Geburtstag ihres Sohnes Friedrich, denn den hatte er mit seinen Namensvetter Friedrich Wilhelm IV. gemeinsam. Als der preußische König 1857 geisteskrank wurde und am 7.10.1858 dessen Bruder als Wilhelm I. die Regentschaft übernahm, war es aber mit dieser Gratishuldigung vorbei.
Zu Weihnachten 1858 wünschte sich Nietzsche unter anderem das Requiem von Mozart.

Ernst Ortlepp, 'Vaterunser des neunzehnten Jahrhunderts' 1834:

>...
>**Auch wird sie Gott von dem Bösen**
>   **Nimmer erlösen!**
>**Denn sein ist der Wahnsinn,**
>**Und der Widerspruch in sich selbst,**
>   **und das Herz von Eis,**
>**Und die allmächtige Tyrannei,**
>**Die alle Tyrannen erschuf und erhält,**
>**Und die schaffende Zerstörungswuth**
>**In ihrer blitzumspielten, donnerkrachenden Fürchterlichkeit**
>**Von Ewigkeit zu Ewigkeit!**
>**Zuckend wimmert vor seinem Namen**
>   **Die Welt ihr: Amen!**

Friedrich Nietzsche, Textfragment aus dem Nachlaß 1876:

Beim Anblick der zahllosen Kirchen, welche das Christenthum einstmals baute, muß man sich sagen: es ist gegenwärtig nicht genug Religion da, um diese Gebäude abzutragen.
Ebenfalls: es fehlt jetzt an Religion, um die Religion auch nur zu vernichten.

Friedrich Nietzsche, 'Der Antichrist' 1888:

Gesetz wider das Christenthum.
Erster Satz. – Lasterhaft ist jede Art Widernatur. Die lasterhafteste Art Mensch ist der Priester: er lehrt die Widernatur. Gegen den Priester hat man nicht Gründe, man hat das Zuchthaus.

Neben dem Marientor befand sich bis 1872 das Armenhaus von Naumburg und auf der gegenüberliegenden Seite eine öffentliche Bedürfnisanstalt. Rechts im Bild die Marien-Magdalenen Kirche welche „nett mit Wandgemälden geschmückt" ist, so der dreizehnjährige Nietzsche.

Bei seiner Aufnahmeprüfung in Schulpforta im September 1858 wurde Nietzsche um ein Semester zurückgestuft. Das an seelischen und körperlichen Prüfungen reiche erste Jahr überstand er, von Heimweh und Alpträumen geplagt, mit stoischem Gleichmut und Fleiß, aber auch weil er dank der Beziehungen seiner Tante Rosali der Aufsicht eines humanen Primaners unterstellt war. Trotz alledem sah sich Nietzsche genötigt, seine Willensstärke und Unempfindlichkeit gegenüber körperlichen Schmerzen unter Beweis zu stellen, indem er vor versammelter Klasse ein Bündel Streichhölzer in seiner Handfläche anzünden wollte, was im letzten Moment sein Mentor vereitelte. In Folge benutzte Nietzsche heißen Siegellack um sich Verletzungen zuzufügen, die bleibende Narben hinterließen. Für sein Tertianergedicht Heimkehr erhielt er zur Zwischenprüfung 1859 eine 2a, und im Deutschaufsatz über die Jugend des Dionysos eine Ib. Im April 1859 wünschte er sich zu seinem 15. Geburtstag Gaudys Werke. Es stellt sich die Frage, wieso er sechs Monate vor diesem Tag ausgerechnet diesen Wunsch äußerte.
Von Gaudy war der einzige Mitschüler, den Ernst Ortlepp in seinen Erinnerungen an Pforta erwähnte und den er als den Besten im Deutschaufsatz bezeichnete. –
Sollte es 1858-59 zwischen den beiden Umerziehungsanstalten einen Briefwechsel gegeben haben?

Friedrich Nietzsche, Brief an Wilhelm Pinder Februar 1859:

... ja als ich Pforta hervorschimmern sah, glaubte ich in ihr mehr ein Gefängnis, als eine alma mater zu erkennen. Ich fuhr durch das Thor. Mein Herz wallte über von heiligen Empfindungen; ich wurde empor gehoben zu Gott in stillem Gebet und tiefe Ruhe kam über mein Gemüth.
Ja Herr, segne meinen Eingang und behüte mich auch an dieser Pflanzstätte des heiligen Geistes leiblich und geistig. Sende deinen Engel daß er mich siegreich durch die Anfechtungen, denen ich entgegengehe, führe und laß mir diesen Ort zu wahren Segen für ewige Zeiten gereichen. Das hilf, Herr!
   Amen. –

Friedrich Nietzsche, Zettel an seinen Vormund in Pforta 6. 10. 1858:

Der Al. Nietzsche bittet um die Erlaubniß, sich ein Dresdener Gesangbuch mit Anhang zu hohlen.

Ernst Ortlepp, 'Belustigungen und Reisen eines Todten' 1834:

> **In dem alten Dresdener Gesangbuch steht:**
>   „**O große Noth,**
>   **Gott selbst ist todt!**"

Im Torgebäude außerhalb vom Schulgelände rechts vom Eingang befand sich ein vom Torwächter betriebenes Verkaufslokal mit Alkoholausschank für die Angestellten in Pforta und vor allem für die Angehörigen der Schüler, wenn sie zu Besuch kamen. Dort ging auch der talentierteste und bei den Schülern beliebteste Lehrer von Pforta ein und aus. Er war alkoholkrank und mußte deshalb 1866 im Alter von 46 Jahren entlassen werden. Dünnbier dagegen hielt man im allgemeinen für ein stärkendes Grundnahrungsmittel, und die Schüler konnten zum Mittag- und Abendessen davon soviel trinken wie sie wollten. Die Brauerei befand sich schräg gegenüber vom Schulhaus, in dem Gebäude, wo auch die Krankenstuben untergebracht waren. Sonntags gab es zum Mittagessen ein Glas Wein und an besonderen Feiertagen noch ein halbes dazu. Alles in allem herrschten in Pforta bis in die 60er Jahre des 19. Jahrhunderts hinein archaische Zustände. Das Schweigegebot galt noch wie zu Ortlepps Zeiten und die Tertianer durften das Schulgelände nur sonntags von 14.15 bis 16.15 Uhr verlassen.

Das1860 fertiggestellten Torhaus vom Pforta. Dort befand sich neben der Bibliothek ein Antiquarium welches 1817 auf Anregung Goethes von seinem Freund, dem Zeichenlehrer Oldendorp, angelegt wurde. Zur Zeit der Wintersonnenwende erreicht das Kloster zwei Monate lang kein Sonnenstrahl.

Kurfürst Moritz von Sachsen-Zeitz war es, der am 21. 5. 1543 im ehemaligen Kloster Pforta eine evangelische Eliteschule gründete. Nach dem Tod des letzten Herzogs von Sachsen-Zeitz 1718, fiel sein Schloß an Kursachsen zurück, und kam 1815 nach dem Wiener Kongress in preußischen Besitz. Von 1820 bis 1920 war es Königlich-preußische Correktions- und Landarmenanstalt. Anfangs brachte man 120 Landarmen, 40 Gemütskranken und 50 zu Korrigierende im ehemaligen Schloß unter, zu Ende des 19. Jahrhunderts waren es 1000 männlichen und 200 weiblichen Häftlingen. Unter ihnen nahm die kleine Gruppe, welche in der Schreibstube arbeitet, eine Sonderstellung ein. Sie brauchten nicht die grauschwarze Anstaltsuniform zu tragen, hatte abgesonderte Schlafstellen und einen extra Aufenthaltsraum für die Freizeit. Täglich konnten sie im ausgedehnten Anstaltsgarten unter Aufsicht spazierengehen.
Die gewöhnlichen Häftlinge mußten Gartenarbeiten verrichteten, formten Rohbraunkohle zu Briketts oder führten Zulieferarbeiten für die Fabriken in der Umgebung aus.

Der Zweck dieser Einrichtung des rechtförmigen Freiheitsentzuges, kurz Arbeitshaus genannt, war es, Arme, seien sie nun Bettler, Landstreicher, Prostituierte oder Haftentlassene, durch Arbeit zu moralisch besseren und wirtschaftlich nützlichen Mitgliedern der Gesellschaft zu erziehen. Ihre größte disziplinierende Wirkung hatten die Arbeitshäuser jedoch außerhalb ihrer Mauern, denn sie waren weit mehr gefürchtet als Gefängnisse. Ihre rechtliche Grundlage lieferte das „Gesetz über die Bestrafung der Landstreicher, Bettler und Arbeitsscheuen" von 1843, welches lautete „Wer geschäfts- oder arbeitslos umherzieht, ohne sich darüber ausweisen zu können, daß er die Mittel zu seinem redlichen Unterhalt besitzt oder doch eine Gelegenheit zu demselben aufsuche, hat als Landstreicher Gefängnis nicht unter sechs Wochen oder Strafarbeit bis zu sechs Monaten erwirkt. Nach ausgestandener Strafe ist der Ausländer aus dem Lande zu weisen, und der Inländer in eine Korrektionsanstalt zu bringen.".

Ernst Ortlepp, 'Fieschi. Ein poetisches Nachtstück' 1835:

>...
>**Die ihr von allen Himmeln sprecht,**
>**Die ihr die Fabel: „Gut und schlecht!"**
>**Bei der Geburt mit wicht'ger Stirn**
>**Dem Kinde drückt in's weiche Hirn!**
>**Die ihr das Dasein rings umbibelt,**
>**Umlehrt, umpredigt und umfibelt**
>**Mit Narrenbuch an Narrenbuch,**
>**Und es umlügt mit Lug an Lug!**
>**Hier steht ein Mann, der aus der Nacht**
>**All eures Witzes Tag verlacht!**
>**In Dämm'rung geht ihr morgens aus,**
>**Umdämmert kehret ihr nach Haus**
>**Am Abend. Blindgeborne Wichte,**
>**Was faselt ihr vom Sonnenlichte?**
>**Verdammt, verflucht mich! Mir ist's recht!**
>**Ich weiß, ich bin nicht gut, bin schlecht**
>**Nach eurer Sprache; doch mein Sinn**
>**Stolzirt, daß ich wie ihr nicht bin!**

Das Torhaus und rechts der Dom St. Peter und Paul in der Korrektionsanstalt Zeitz. Der Prediger an dieser Kirche war ein guter Bekannter der Familie Nietzsche.

Seine Sommerferien 1859 verbrachte Nietzsche in Jena, wo er ein Saufgelage der Studenten miterlebte. Zum 15. Geburtstag wünschte er sich Don Quixote in der Übersetzung von Tieck, und von seiner Tante bekam er die Biografie Humboldts von Klencke geschenkt. Der 100. Geburtstag von Schiller wurde am 10.11. 1859 in Pforta wie in ganz Deutschland als nationaler Weckruf festlich begangen, und das Naumburger Kreisblatt druckte das „Festlied zur Schiller'schen Säcularfeier" von Ernst Ortlepp ab.

Ernst Ortlepp, 'Klänge aus dem Saalthal' 1856:

Ich dichte fort!

Ich dichte fort – ob auch die Wetter grollen,
Die donnernd über meinem Haupte rollen,
Ob auch so mancher Feind mir meinen Hort,
Das Lied zu rauben droht – ich dichte fort!

Ich dichte fort – ob die empörten Wellen
Mein schwankend Fahrzeug tobend auch umschwellen,
Ich schaue unverwandt nach meinem Port,
Die Leier in dem Arm und dichte fort!

Zwar schwer ist's fortzuleben, fortzudichten,
Wo alles strebt, den Dichter zu vernichten,
Und ihn das schonungslose Element
Dem Falter gleich in seinem Flug verbrennt.

Doch dicht' ich fort – ich wär' kein Mann der Lieder,
Legt' ich ermüdet je die Harfe nieder;
Es stürme nur heran, aus Süd und Nord;
Aus Ost und West, wie's mag – ich dichte fort!

Ich dichte fort, bis dieses Leben schwindet,
Und bis der Fremde seine Heimat findet!
Wie trüb der Tag, wie schaurig auch der Ort,
Ich halte treulich aus – ich dichte fort!

Ich dichte fort – und schmückt mir auch zum Lohne
Die heiße Stirn hier keine Lorbeerkrone,
So schmückt sie meinen Sarg – bin ich verdorrt,
Dann grünet erst mein Lied – drum dicht' ich fort!

Friedrich Nietzsche, Textfragment aus dem Nachlaß 1877:

In wiefern tröstet es einen Unglücklichen, eine Strafe nicht verdient zu haben? Er wird zum Besten der Menschheit als Mittel benutzt, um sie abzuschrecken: aber er hatte es nicht verdient, als Mittel betrachtet zu werden? Sobald man aber einsieht, daß niemand etwas verdient, tröstet jener Gesichtspunkt auch gar nicht mehr. Übrigens sollte man sich unter allen Umständen darüber freuen, als Mittel zur Verbesserung der Menschen zu dienen.

Die barocke Kassettendecke im Festsaal von Schloss Moritzburg in Zeitz der den Häftlingen damals als Arbeitsraum diente.

Friedrich Nietzsche, Zettel an seinen Vormund in Pforta 11.6.1859:

Der Al. Nietzsche bittet um die gütige Erlaubniß, sich eine Badehose anschaffen zu dürfen.

Friedrich Nietzsche, Tagebuch 18.8.1859:

Die Schwimmfahrt fand gestern wirklich statt. Es war ganz famos, wie wir in Reihen abgetheilt unter lustiger Musik aus dem Thore marschirten. Wir hatten alle rothe Schwimmmützen auf, was einen sehr hübschen Anblick gewährte. Wir kleinen Schwimmer waren aber sehr überrascht, als die Schwimmfahrt eine weite Strecke noch die Saale hinunter ihren Anfang hatte, worüber wir alle etwas kleinmüthig wurden; als wir aber die großen Schwimmer aus der Ferne kommen sahen, und die Musik hörten, vergaßen wir unsre Angst und sprangen in den Fluß; es wurde nun in derselben Ordnung geschwommen, wie wir ausmarschirt waren. Ueberhaupt ging altes recht gut; ich half mir so gut ich konnte; obgleich ich nirgends Grund hatte. Auch das auf dem Rücken schwimmen benutzte ich öfters. Als wir endlich anlangten, empfingen wir unsre Kleidungsstücke, die in einem Kahne hinterdrein gefahren waren, kleideten uns schnell und marschirten in gleicher Ordnung nach Pforta. Es war wirklich wunderhübsch. –

Aus dem Jahresbericht des Rektors von Schulpforta 1860:

... Nach der Rückkehr unserer Schüler aus den Sommerferien konnte der in früheren Programmen erwähnte neue Waschsaal in Gebrauch genommen werden, durch den einem langgefühlten Bedürfnis in erfreulicher Weise abgeholfen worden ist. Während unsere Schüler sich früher in der engen Waschstube an 14 Waschtischen nach einander waschen mußten, so haben jetzt in dem grossen, hellen und geräumigen Saale alle ihre eigene Waschstelle, das Waschen kann demnach von allen gleichzeitig geschehen, und hinsichtlich des Wassers ist die Einrichtung getroffen, dass es durch Röhren nach jeder Waschstelle geleitet wird und davon also von jedem nach Belieben abgelassen werden kann.

Friedrich Nietzsche machte aus dieser Erfahrung (1 Waschschüssel = 3 Schüler) in 'Also sprach Zarathustra II – Von der Menschen-Klugheit' ein Gleichnis 1883:

Und wer unter Menschen nicht verschmachten will, muss lernen, aus allen Gläsern zu trinken; und wer unter menschen rein bleiben will, muss verstehn, sich auch mit schmutzigem Wasser zu waschen.

Ernst Ortlepp, 'Klänge aus dem Neckarthal' 1852:

Erinnerung an Schulpforte.

...
Kennst du den Fluß, der sanftgewunden rollt,
Es blinkt aus ihm der Jugendjahre Gold,
Und Weinbergshäuser sehen still herab,
Und alte Freunde steigen aus dem Grab!
Kennst du ihn wohl!
Dahin, dahin
Wird oft der Geist voll süßer Wehmut fliehn!

Die Saale bei Saalhäuser.

Im Frühsommer 1860 wurde Ernst Ortlepp aus der Korrektionsanstalt entlassen und kehrte ins Saaletal zurück. In der warmen Jahreszeit sah man ihn immer mit einem großen Strauß selbsgeflückter Feldblumen umhergehen. Er schlief dann zumeist, ob betrunken oder nicht, auch im Freien, weil es ihm in der freien Natur besser gefiel als unter Menschen. Offenbar hatte die Haftstrafe seiner Reputation als Künstler nicht geschadet, denn das Naumburger Kreisblatt brachte seine Gedichte nach wie vor auf der ersten Seite. Am 21.5. fand in Pforta das alljährliche Schulfest mit anschließendem Bergtag bei schönstem Wetter statt. Dabei erhielt Nietzsche als Auszeichnung Sagen des klassischen Altertums von Gustav Schwab. Am 28.7. traf sich alles beim Hussiten-Kirschfest in Naumburg.

Nach den Sommerferien 1860, die Nietzsche bei Verwandten im Harz verbrachte, durften alle Schüler, zusätzlich zum Sonntagsspaziergang, nach dem Mittagessen an drei Wochentagen das Schulgelände bis 13.30 Uhr verlassen. Am 28.8. war wieder Bergtag, und am 23.10. wanderte ganz Pforta zum sogenannten Weinführen ins Wirtshaus Saalhäuser.

Ernst Ortlepp, 'Die Geächteten' 1836:

... Empfindlich fühlte sich anfangs Carlos durch die offenbare Geringachtung verletzt, mit der ihm fast alle die Leute begegneten, deren einziges Verdienst der Reichtum war, und denen er es so recht deutlich ansah, wie sie ihn in ihrem Inneren als einen Lump betrachteten, weil er nicht auf einem großen Fuß leben konnte; allein am Ende wurde ihm die Meinung solcher höchst gleichgültig, und jetzt kümmerte er sich gar nicht mehr um sie. Früher würde er sich geschämt haben, in einem unscheinbaren Anzuge einherzugehen; jetzt dachte er, nicht du mußt dich schämen, sondern die müssen sich schämen, die dich so gehen sehen; du bist für sie ein umherwandelnder Vorwurf ...

Ernst Ortlepp, 'Lieder eines politischen Tagwächters' 1843:

Auf eine schöne Gegend.

Welch holdes Thal! Rings Gärten und Flur
Und Wiesen und waldige Höhn!
Hier jauchzet die Seele: „Natur! Natur!
Wie bist du so himmlisch schön!"

An jenem Walde, an jenem Fluß
Bin ich gewandelt noch nie, –
Dort möchte ich hinsterben im Erguß
Süßer Melancholie.

Das Dörflein da drüben noch unbekannt,
Wie's heimlich lockt und Winkt!
Und weiter der blauen Berge Rand
Wie er lachend entgegen mir blinkt!

Und dort die Ruine im grünen Meer,
Wie dahin mein Geist sich verliert! –
Ach, zög ich mit meinem Gram hierher,
Die Gegend wär' bald ruiniert!

Im Wethautal bei Naumburg. Zu Pfingsten 1860 unternahm Friedrich Nietzsche mit seinem Freund Wilhelm Pinder dorthin einen Ausflug, und auch Anfang August erkundeten sie gemeinsam auf Wanderungen die weitere Umgebung der Stadt.

Auf dem Turm der Schönburg gründete am 25.7. 1860 Nietzsche mit seinen Schulfreunden vom Domgymnasium Gustav Krug und Wilhelm Rinder den Verein Germania. Sein Programm hatte einen ähnlich universalistischen Anspruch wie das gleichnamige Poem, das Ernst Ortlepp 1848 dem Frankfurter Parlament gewidmet hatte. Die Namenswahl bedeutete aber auch einen Affront gegen den stockkonservativen Naumburger Verein zur Beförderung und Ausbildung wissenschaftlichen und sittlichen Lebens, dem die Honoratioren der Stadt und die Lehrer von Pforta angehörten, der einzige lebende Dichter im weiten Umkreis aber nicht. Die Freunde beschlossen jedes Jahr zum Stiftungsfest einen schöpferischen Beitrag abzuliefern, leerten darauf eine Flasche Rotwein und warfen sie hinab. Im August 1861 reichte Nietzsche seine Klavierphantasie zu vier Händen Schmerz ist der Grundton der Natur ein. Byrons Dichtung Manfred hatte seine Empfindungen so aufgewühlt, daß er sie in Noten wiederzugeben versuchte. Auch sein im Dezember 1861 gehaltener Vortrag galt seinem „Lieblingsdichter" und hatte den Titel „Über die dramatische Dichtung Byrons". Pinder regte an, Schumanns Komposition „Manfred" zu Weihnachten 1861 für den Verein anzuschaffen. Durch Ernst Ortlepp werden sie auch manche Interna über den Komponisten aus seinen Leipziger Jahren erfahren haben. Nicht nur Lord Byron, auch Friedrich Hölderlin könnte Nietzsche von Ernst Ortlepp ans Herz gelegt worden sein. Er wünschte sich dessen Biografie zu seinem 17. Geburtstag und schrieb einen Aufsatz über ihn für den Deutschunterricht. Dafür bekam er eine 2a und den Rat, sich zukünftig „an einen gesunden, klaren, deutschen Dichter zu halten". Wie Ernst Ortlepp anno 1830 begeisterte sich nun auch Nietzsche für den polnischen Freiheitskampf, komponierte eine Mazurka nach der anderen und unterzeichnete Briefe an seine Intimfreunde als polnischer Adliger mit „F.W. v. Nietzky". Erst 1888, in einem Entwurf zu seinem Ecce homo nannte er sich wieder so und zitierte dort auch Ortlepps Liedzeile „Noch ist Polen nicht verloren". Zu Weihnachten 1860 wünschte er sich: „Sheakspeare's dramatische Werke übersetzt von Meheren".

Ernst Ortlepp, 'Beethoven' 1836, wieder abgedruckt in 'Germania' 1848:

> ...
> Musik, Musik! Du Echo andrer Welten,
> Das in dem Menschenherzen wiederklingt,
> Du Trösterin, die von den Sternenzelten
> Verlor'ne Paradiese niedersingt!
> Musik, Musik! Du tongeword'ne Seele,
> Die mit uns jauchzt und weint und klagt und fragt,
> Warum das Herz uns blute, was uns fehle,
> Und uns auf uns're Thränen Antwort sagt!

'Naumburger Kreisblatt' 22. 12. 1860:

Der besonders der Straßenjugend unserer Stadt und in den benachbarten Ortschaften bekannt gewordene Dichter Ortlepp aus Schkölen, welcher bekanntlich in den letzten Monaten Tag für Tag die Gassen wankend und lärmend durchzog, ist kürzlich vom hiesigen Kreisgericht wegen Straßen - Scandals und Vagabondierens zu 14 Tagen Gefängnis verurtheilt und nach Verbüßung dieser Strafe zum zweiten Male nach der Corrections-Anstalt Zeitz abgeführt worden, von wo er, nach länger als einjährigem Aufenthalte erst in der Mitte dieses Sommers unverändert zurückgekehrt war.

Die Schönburg an der Saale. Nicht nur die Gründung, auch das erste Stiftungsfest des schöngeistig-wissenschaftlichen Vereins Germania am 25.7. 1861 wurde dort gefeiert. Nachdem Ernst Ortlepp in den zwei Schkölener Gasthäusern Lokalverbot hatte, sah man ihn um so öfter in den Schenken des Saaletals.

Den Winter 1860-61 verbrachte Ernst Ortlepp wieder in der Korrektionsanstalt Zeitz. Er soll dort in der Schreibstube beschäftigt gewesen sein, als auch der Tochter eines leitenden Angestellten der Anstalt Nachilfeunterricht gegeben haben. Nietzsche weigerte sich Ostern 1861 zum Gottesdienst zu gehen, lenkte dann aber doch ein. Wahrscheinlich in diesen Sommerferien erwarb er drei Bände „Lord Byrons Vermischte Schriften, Briefwechsel und Lebensgeschichte übersetzt von Meheren" der Gesamtausgabe, die 1839 in Stuttgart erschienen war, und benutzte sie auch noch in späteren Jahren.

Lord Byron, Brief an Herrn Murray 3.11.1821:

Ich bin wie der Tiger: wenn ich einmal fehl springe, gehe ich knurrend wieder in meine Höhle zurück; aber wenn ich treffe, so zermalme ich auch.

Friedrich Nietzsche, 'Zarathustra IV – Vom höheren Menschen' 1885:

14.
Scheu, beschämt, ungeschickt, einem Tiger gleich, dem der Sprung missrieth: also, ihr höheren Menschen, sah ich euch oft bei Seite schleichen. ...

Ernst Ortlepp, 'Poesie' aus 'Der Traum' 1832:

> ...
> Fast alle lohntest du mit dem Verderben,
> Die deinem Jammerdienste sich geweiht;
> An ihren Herzen, gleich zertretner Scherben,
> Versuchte Jeder die Zerbrechlichkeit,
> Sie stampfend mit dem Fuß! Sie mussten sterben
> Als Opfer der Verfolgung und dem Neid,
> Und gnäd'ger sahen fürstliche Gesichter
> Auf Dirne, Pferd und Hund, als – auf den Dichter.

Friedrich Nietzsche, Gedanken zu einem nicht ausgeführten Lebenslauf, Januar 1862:

... Denn wenn auch die Keime zu den geistigen und sittlichen Anlagen schon in uns verborgen liegen, und der Grundcharakter jedem Menschen gleichsam angeboren ist, so pflegen doch erst die äußeren einwirkenden Verhältnisse, die in bunter Mannigfaltigkeit den Menschen bald tiefer, bald flüchtiger berühren, ihn so zu gestalten, wie er als Mann sowohl in sittlicher als geistiger Beziehung auftritt. Günstige Lebensverhältnisse können deshalb, ebenso wie unglückliche, sich sowohl nützlich als schädlich zeigen, je nachdem die verschiedenen Keime zu bösen und guten Neigungen dadurch geweckt werden. Wie oft doch preisen die Menschen die Reichen, Berühmten, überhaupt vom Glück Begünstigten, glücklich, und wie oft verwünschen nicht gerade jene ihre Lebensstellung, die sie in Laster und Gemütsunruhe gestürzt habe und Neigungen, die ihre Lebensfreude aufzehren, in ihnen erweckt habe. Wofern diese Anschuldigung des Schicksals gerecht ist, wofern überhaupt alle die ihm gemachten Vorwürfe billig sind, so muß diese austeilende Macht entweder blind oder das Prinzip der Ungerechtigkeit sein. Es ist aber ebenso undenkbar, die höchsten Interessen des Menschengeschlechts in die Hände eines gedanken- und unterscheidungslosen Wesens zu legen, als einem urbösen Etwas anzuvertrauen.

Die Umfassungsmauer und die Südseite vom Schloss Moritzburg in Zeitz. Im weitläufigen Gelände davor, das sich bis zu einem Mühlgraben erstreck, wurde von den Häftlingen Obst und Gemüse zur Versorgung der Korrektionsanstalt angebaut.

Der letzte Beweis dafür, ob jemand unter die „höheren Menschen" zu rechnen sei, war für Nietzsche die Fähigkeit, auch im Leiden schöpferisch tätig zu sein. Er selbst brachte es darin zur Virtuosität, und blieb nicht nur darüber mit Ernst Ortlepp sein Leben lang im Zwiegespräch.
1860 erschien von Ernst Ortlepp in der Druckerei Webel unter dem Titel „Des Frommen Heimath" ein kleines Heftchen von 18 Seiten mit religiösen Liedern im Selbstverlag. Das hier wiedergegebene Schlußgedicht hat er auch als Einblattdruck herstellen lassen und für 1 Srg. angeboten.
Als im Mai 1861 ein schweres Unwetter über Schkölen niederging und neun Einwohner dabei umkamen, verfaßte Ernst Ortlepp in der Korrektionsanstalt Zeitz einen Spendenaufruf in Gedichtform, den das Naumburger Keisblatt veröffentlichte und der auch als Einblattdruck Verbreitung fand.

Ortlepp's Abschied von der Welt.

Einst wischt Gott die Thränen ab,
Die ich hier geweinet habe,
Oeffne dich, du stilles Grab,
Für den Pilger mit dem Stabe!
Denn der Pilger sinkt hinein
Ewig nun bei Gott zu sein.

O! mein Heiland Jesus Christ,
Du hast mehr, als ich, gelitten,
Doch ich habe läng're Frist
Meinen Lebenskampf durchstritten;
Wir sind beid' an Leiden gleich,
Führe mich in's Himmelreich!

Vater, Sohn und heil'ger Geist,
Zu euch falt' ich meine Hände;
Seid gepriesen allermeist!
Schenket uns ein sel'ges Ende,
Müder Pilger, Pilg'rin Du,
Alles geht der Heimath zu.

Liebe Freunde, lebet wohl.
Die ich ach, so innig liebte!
Arge Feinde, lebet wohl,
Die ich niemals gern betrübte,
Beiden Liebe und Verzeih'n
So geh ich zum Himmel ein.

Ach welch eine leichte Bahn.
Engel treten mir entgegen,
Weißgekleidet angethan
Bieten sie mir Gruß und Segen,
Und es tönt aus gold'nem Licht:
„Jesus meine Zuversicht"

Die Rittergasse mit der Michaeliskirche in Zeitz. Abseits der Hauptstraße gelangt man entlang der Stadtmauer durch diese Gasse auf direktem Weg von der Korrektionsanstalt zum Michaeliskirchof, wo sich im Haus Nr. 8 die Buchhandlung und Druckerei von Imanuel Webel befand.

Als Sekundaner konnte Nietzsche 1861 an Sonntagen das Schulgelände von 14 bis 18 Uhr verlassen. Anfangs lief er dann in anderthalb Stunden bis nach Hause, später traf er sich mit seinen Angehörigen oder Freunden zumeist im Gasthaus Goldener Adler in Almrich, oder im Gasthaus Saalhäuser. Sehr oft aber spazierte er in diesen Stunden allein in der Gegend umher oder ging im Sommer baden. Die ganzen Sommerferien von fünf Wochen verbrachte er 1861 in Naumburg.

Ernst Ortlepp zog es nach seiner Entlassung aus der Korrektionsanstalt im Sommer 1861 wieder ins Saaletal. Wahrscheinlich hatte man eingesehen, daß er nicht mehr zu „korrigieren" war, vielleicht hatte auch seine neuerliche Frömmelei Eindruck gemacht. Wenn er betrunken durch Naumburg wankte und laut, aber unverständlich mit seiner volltönenden Kanzelstimme begeistert oder zornig seine Gedichte deklamierte, dann wichen die Leute vor ihm aus wie vor einem Verrückten. Die Kinder dagegen liefen ihm spottend nach. Meist beachtete er sie nicht, manchmal blieb er aber stehen und rief mit ihnen „hoch!". Andere Leute berichteten, er sei in seinen letzten Lebensjahren wie ein Student ständig in einem enthusiasmierten Zustand gewesen. Als Wächter in Obstplantagen und mit anderen kleinen Anstellungen schlug er sich durch. Im Spritzenhaus von Almrich, einem Dorf an der Landstraße zwischen Naumburg und Pforta, durfte er während der kalten Jahreszeit nächtigen.

Nietzsche wünschte sich zu seinem 17. Geburtstag das Requiem für Mignon von Schumann. Von der in Pforta obligatorischen Feier zum Jahrestag der Völkerschlacht am 18.10. fühlte er sich diesmal nur angeödet. Seine Weihnachtswünsche waren: Geschichte der Französischen Revolution von Ernst Moritz Arndt, erschienen 1851 in Stuttgart, und Geschichte der letzten 40 Jahre von 1816 bis 1856 von Wolfgang Menzel, erschienen 1860 in Stuttgart.

Friedrich Nietzsche, Textfragmente aus dem Nachlaß 1885:

Es war Frühling, und alles Holz stand in jungem Safte: als ich so durch den Wald gieng und über eine Kinderei nachdachte, schnitzte ich mir eine Pfeife zurecht, ohne daß ich recht wußte, was ich that. Sobald ich aber sie zum Mund führte und pfiff, erschien der Gott vor mir, den ich seit langem schon kenne. Nun, du Rattenfänger, was treibst du da? Du halber Jesuit und Musikant –, beinahe ein Deutscher!
Ich wunderte mich, daß mir der Gott auf diese Art zu schmeicheln suchte: und nahm mir vor, gegen ihn auf der Hut zu sein.

Ich habe alles gethan, sie dumm zu machen, ließ sie in Betten schwitzen, gab ihnen Klöße zu fressen, hieß sie trinken, bis sie sanken, machte sie zu Stubenhockern und Gelehrten, gab ihnen erbärmliche Gefühle einer Bedientenseele ein
Du scheinst mir Schlimmes im Schilde zu führen, die M(enschen) zu Grunde zu richten?
Vielleicht, antwortete der Gott; aber so, daß dabei Etwas für mich herauskommt. –
Was denn? fragte ich neugierig.
Wer denn? solltest du fragen. Also sprach zu mir Dionysos.

Als ich jung war, bin ich einer gefährlichen Gottheit begegnet, und ich möchte Niemanden das wieder erzählen, was mir damals über die Seele gelaufen ist – sowohl von guten als von schlimmen Dingen. So lernte ich bei Zeiten schweigen, so wie, daß man reden lernen müsse, um recht zu schweigen: daß ein Mensch mit Hintergründen Vordergründe nöthig habe, sei es für Andere, sei es für sich selber: denn die Vordergründe sind einem nöthig, um von sich selber sich zu erholen, um es Anderen möglich zu machen, mit uns zu leben.

Eine Obstplantage bei Almrich. Für ein kleine Broschüre mit dem Titel Die Geheimnisse der Obstbaumzucht, die 1861 in Leipzig erschien, hat warscheinlich Ernst Ortlepp zumindest das Vorwort bei seinem Aufenthalt in der Korrektionsanstalt verfaßt.

Das Turnen fand in Pforta für alle Klassen gleichzeitig einmal in der Woche statt. An Festtagen stand für alle Schauturnen auf dem Programm, nach Nietzsche eine „Thierquälerei". Eine Stunde in der Woche war dem Tanzunterricht vorbehalten, bei dem vornehmlich Gruppentänze eingeübt wurden, die dann bei Schulfesten zur Aufführung kamen. Auch gab es bis gegen Ende des 19. Jahrhunderts jeden Sonnabend für die Primaner und Sekundaner von 18 bis 22 Uhr im Tanzsaal von Pforta einen Ball. Bei diesem sogenannten Kommunrummel tanzten die Schüler paarweise miteinander, denn Damen wurden nur zu großen Festlichkeiten eingeladen.

Ernst Ortlepp konnte als ehemaliger Pförtenser das Schulgeländer, bis auf den inneren Bereich, ungehindert betreten, und er wird sich ab und an auch an die Kirchenorgel gesetzt haben. Die Schüler hatten das verlotterte Genie ins Herz geschlossen und schenkten ihm, wenn er ganz abgerissen ankam, ihre abgelegten Kleidungsstücke, und mancher Lehrer drückte ihm ein Geldstück in die Hand. Dann fragte er immer wieder an, ob man nicht eine Anstellung für ihn hätte „egal ob als Direktor oder Nachtwächter". An schönen Tagen sah man ihn manches Mal unter dem Fenster des Klassenzimmers stehen, in dem der Griechischunterricht von Prof. Karl Keil stattfand, wie er mit dem Homer in der Hand die Lektion verfolgte. Professor Keil, dem die Schüler den Spitznamen Kilian verpaßt hatten, lehrte von 1843 bis 1865 Griechisch und Latein und leitete bis 1852 auch den Turnunterricht. Zu seinem 25. Dienstjubiläum am 23.1.1862 überreichte ihm Ernst Ortlepp ein gedrucktes Festgedicht. 1865, im Alter von 53 Jahren verließ Prof. Keil die Anstalt und starb noch im gleichen Jahr als Privatdozent in Halle.

Bei den Theateraufführungen zu Fasnacht 1862 im Turnsaal hatte Nietzsche eine Rolle als Liebhaber und eine als Betrunkener. Das Stück mit dieser Rolle wurde verboten, doch hinter den Kulissen braute das Ensemble weiter Bowle. Die Sommerferien verbrachte Nietzsche bei Verwandten im Harz. September 1862 wurde er nach Unterprima versetzt und konnte wie alle Primaner das Schulgeländer täglich nach dem Mittagessen von 12.15 bis 13.45 verlassen. Wegen Witzeleien in seiner Funktion als Famulus des aufsichthabenden Lehrers mußte er am 10.11.1862 für drei Stunden in den Karzer. Dort schrieb er drei Gedichte. Zu Weihnachten wünschte er sich eine Originalausgabe von Byron.

Friedrich Nietzsche, Textfragment aus dem Nachlaß (undatiert):

Ein Jüngling, unter Frauen und Priestern tief geworden und scheu vor der Liebe und noch vor dem Wort „Liebe"
tief geworden und durstig nach dem Thau der Liebe, gleich dem Thymian in der Nacht –
durstig und zitternd vor seinem Durste und der Nacht freund, weil die Nacht voller Scham und duftenden Weihrauchs ist –
Nach dem Weihrauche der Priester duftete selbst seine Seele und nach der Unschuld der Frauen: sie schämte sich aber dieses Duftes noch.
Und wie sonst ein Jüngling betend begehrt, daß ein Weib ihn liebe, so begehrte er betend nach der Liebe eines Vaters und schämte sich auch seines Gebetes noch.

Friedrich Nietzsche, Textfragment aus dem Nachlaß (die Deutschen allgemein betreffend) 1885:

... reiner gewaschen und reinlicher gekleidet tüchtige Turner mit einem Schloß vor dem losen Maule, sich zum Schweigen erziehend, auch zu einiger Selbstbeherrschung in Venere (und nicht, wie so häufig, verhurt und verhunzt von Knabenalter an):
möchten wir sie bald nach dieser Seite hin 'europäisirt' sehn ...

Die Turnhalle von Pforta wurde 1848 eingeweiht. In ihr fand nicht nur der Turnunterricht in der kalten Jahreszeit statt, sondern auch Festveranstaltungen mit vielen Gästen. Das Turnen gehörte seit 1817 zum Unterricht und wurde exzessiv betrieben, war aber von 1820 bis 1824 auf allerhöchsten Befehl ausgesetzt.

Im Januar 1863 kam es in Polen zu einem spontanen Aufstand gegen die russischen Besatzer, der, so wie der vorhergegangene im Jahr 1831, unter Mithilfe Preußens im April 1864 niedergeschlagen wurde. Als Nietzsche Anfang 1863 im Unterricht bei einem Betrugsversuch ertappt wurde und wenig später auch zu jenen gehörte, die unerlaubt ein Restaurant im nahen Kurbad Kösen aufgesucht hatten, blieben diese Verfehlungen für ihn zunächst noch ohne Folgen.

Eintrag im 'Strafbuch' Pforta 14.4. 1863:

Nietzsche und Richter trinken am Sonntage auf dem Bahnhof zu Kösen während einer Stunde je 4 Seidel Bier. Nietzsche war davon betrunken und noch ersichtlicher Richter.

Friedrich Nietzsche, Gedicht aus dem Nachlaß, welches Ernst Ortlepp zum „Gegenstand" hat, April 1863:

Vor dem Crucifix.

„Steinblock da oben, blöder Narr,
Herunter!
Was willst du noch, was siehst du starr
Auf diese neuen Wunder?
Du hast nun ausgerungen –
Dein Arm ist steif, dein Kopf ist müd –
Säh ich, wie jeder vor mir kniet,
Wär selbst so müd,
Wär längst herab gesprungen.

Ich taumle hier vor dir in Staub
Und Asche –
Herunter! Bist du denn nur taub?
Hier hast du meine Flasche!"
Er wirft sie hin zu Scherben,
Das Glas zerklirrt, das Steinbild steht
Noch unbewegt, am Kreuz erhöht,
Sein Auge fleht
Zu sterben, bald zu sterben.

„Weiß Gott! Das ist ein rechter Tropf,
Bleibt oben,
Fürwahr, er hat 'nen harten Kopf,
Das Einz'ge, was zu loben.
Die Flasche gieng in Splittern,
Verschüttet ist der herbe Trank –
Für Schwamm und Essig sagt er Dank,
Zum Tode krank,
Und wirft doch 'rab den Bittern."
...

Eine Seitenkapelle in der Klosterkirche von Pforta, zu deren Schutzpatron die Mönche Johannes den Täufer gewählt hatten.

Beim sogenannten Weinführen marschierten die Pfortenser jedes Jahr im Herbst zum nahegelegenen schuleigenen Weingut und bekamen dort Most und Wein ausgeschenkt.
Nietzsche hatte zur Strafe für seinen Alkoholexzess in der Bahnhofskneipe die Primusstellung für immer verloren. Zum Weinführen am 14.10.1863, durfte er aber mit 5 Srg. wieder dabei sein.
Die einzige bezeugte Begegnung zwischen Nietzsche und Ernst Ortlepp hat in diesem Lokal stattgefunden.

Ernst Ortlepp, 'Der Traum' 1832:

>...
>Genie ist Blitz nur, der sich selbst verzehrt!
>Er flammt empor vor kalter Stauner Blicke,
>Und ist nicht mehr im nächsten Augenblicke!
>Nichts mehr davon! Im Busen eine Hölle
>Regt's auf ein wildempörter Ocean
>Umfluthet mich mit gift'gen Wahnsinns Welle,
>Und Seele, Herz, Gemüth, Gefühl und Wahn,
>Das Alles möchte' ich brechen aus der Stelle
>Des tiefsten Ich's und, flammender Vulkan,
>Es aus des Busens ausgebranntem Sitze
>Wegschleudern weit, wie Donner, Sturm und Blitze!
>Dem Leben flucht' ich in der Lumpenblöße,
>Und wünscht', ein tollheitübermannter Lear,
>In Regenguß und schmetterndem Getöse
>Nackt dazustehn als zweigezinktes Thier;
>Ich fluche allem Glücke, aller Größe
>Und jeder sternanstrebenden Begier,
>Ich fluchte Gott, der Lerche, Käfer, Affen
>Und Fisch zur Lust, und mich zur Qual erschaffen.

Als der Wahn bei Nietzsche die lebenslange Verschwiegenheit über seine Beziehung zu Ernst Ortlepp auflöste, muß die Mutter davon so beunruhigt gewesen sein, daß sie 1891 Heinrich Wendt, seinen ehemaligen Klassenkameraden in Pforta von 1861 bis 1864, um Auskunft über Ortlepp bat.
Im Herbst 1892 versetzte der kranke Nietzsche seine Mutter wiederum in Schrecken, als er bei seinen letzten Spaziergängen im Freien nur mit Mühe davon abzuhalten war, sich in den Straßengraben zu stürzen.

Heinrich Wendt, Brief an Franziska Nietzsche 24.11.1891:

... Es steigt eines Mannes Gestalt vor mir auf, die Ihr Sohn und ich im Leben gekannt haben und vor 30 Jahren mit Grausen auf den Saalehäusern bei Pforta am Klavier dämonische Lieder singen hörten des Inhalts: ‚Mein Herr Jesus hat viel gelitten, aber ich leide mehr.' So sang ein ehemaliger Pförtner, der als geistvoller Shakespeare-Übersetzer in weiten Kreisen der sogenannten Gebildeten bekannte Ortlepp.

In der 1995 abgerissenen Weinlaube vom Wirtshaus Saalhäuser. In dieser Schenke demonstrierte Ernst Ortlepp am Klavier vor Nietzsche und dessen ahnungslosem Begleiter was eine dionysische Manifestation ist: die Lust an der Schamlosigkeit. – Nietzsche kam 45 Jahre später darauf zurück.

Auch in Pforta nahm Nietzsche Klavierunterricht. Wollte er üben, so stand ihm dafür ein besonderer Raum zur Verfügung. Dort brillierte er genialisch vor wenigen Mitschülern in erhabenen Akkorden und schauerlichen Tönen. Seine Komposition zu Byrons Manfred übertraf in dieser Beziehung alles. Er machte auch später noch Gebrauch davon, wenn es galt, die Bildungsbürger auf Abstand zu halten.
Schon für den 18jährigen Nietzsche bestand das Wesen der Musik in ihrer „dämonischen" Kraft, die, ganz im Geiste Ortlepps, eine Ahnung von höheren Welten vermitteln konnte.

Paul Deussen, 1859 bis 1864 Klassenkamerad von Nietzsche, 'Erinnerungen' 1901:

Allabendlich zwischen 7 und ° 8 Uhr kamen wir im Musikzimmer zusammen. Seine Improvisationen sind mir unvergeßlich; ich möchte glauben, selbst Beethoven habe nicht ergreifender phantasieren können als Nietzsche, namentlich, wenn ein Gewitter am Himmel stand.

Von 1859 bis 1863 führte Nietzsche wie andere Pfortenser auch ein Poesiebuch. Darin befindet sich neben den signierten Einträgen der Freunde, auch ein Zyklus von zehn unsignierten Gedichten, der das Wiedererwachen und den entgültigen Abschied von einer Liebe elegisch umkreist.
Es spricht alles dafür, daß Ernst Ortlepp sein Urheber ist.

Unbekannter Autor, 'Friedrich Nietzsche – Poesiebuch' zwischen 1862 und 1863:

...
Geliebet hab ich zum letzten Mal!
  Dein Bild bleibt einsam mir im Herzen.
Doch da erwacht es, Jubel und Qual,
  Da hör ich Locken, Lachen, Scherzen.

Und aus dem Auge quillt so heiß:
  Was hätt ich denn nur noch vom Leben?
Und im Herzen glühet es fieberheiß:
  Fahr hin denn, mein vergangenes Leben.

Und wieder funkelt golden der Wein.
  Er küsst vom Auge mir die Thränen.
Da halte ich ihn denn! Es muß wohl so sein –
  Magst Du ein Röslein ewig wähnen?

Friedrich Nietzsche, 'Ecce homo' 1888:

... Zu glauben, daß der Wein erheitert, dazu müßte ich Christ sein, will sagen glauben, was gerade für mich eine Absurdität ist. Seltsam genug, bei dieser extremen Verstimmbarkeit durch kleine, stark verdünnte Dosen Alkohol, werde ich beinahe zum Seemann, wenn es sich um starke Dosen handelt. Schon als Knabe hatte ich hierin meine Tapferkeit. Eine lange lateinische Abhandlung in Einer Nachtwache niederzuschreiben und auch noch abzuschreiben, mit dem Ehrgeiz in der Feder, es meinem Vorbild Sallust in Strenge und Gedrängtheit nachzuthun und einige Grog von schwerstem Kaliber über mein Latein zu gießen, dies stand schon, als ich Schüler der ehrwürdigen Schulpforta war, durchaus nicht im Widerspruch zu meiner Physiologie, noch vielleicht auch zu der des Sallust – wie sehr auch immer zur ehrwürdigen Schulpforta ...

Die Theeküche von Pforta im Jahre 1993. Ab 1859 hatte sich Nietzsche für 16 Srg. im Quartal in Pforta ein Klavier zum üben gemietet. Es stand in einem Abstellraum, der als die Differenz bezeichnet wurde.

Am 21.5. 1863 kamen ehemalige Pfortenser aus ganz Deutschland in Pforta zusammen, um den 320. Jahrestag der Stiftung der Fürstlichen Landesschule festlich zu begehen. Unter ihnen die einstigen Mitschüler von Ernst Ortlepp wie der Naturforscher Christian Ehrenberg, Teilnehmer an Humboldts Expeditionen, und der Historiker Leopold von Ranke. Mehr als 300 Gäste waren zum Bankett in der Turnhalle geladen, und mit einem Bergtag am 22.5. und am 30.5. fanden die Feierlichkeiten ihren Abschluß.

In den Sommerferien besuchte Nietzsche seine Verwandten in Plauen und wanderte anschließend sieben Tage allein durch das Fichtelgebirge. Nach Schulbeginn unternahm er mit dem Chor am 26.8. einen Ausflug zur Rudelsburg, und vom darauffolgenden Bergtag vermeldete er „leidlich viel getanzt" zu haben. Der 50. Jahrestag der Völkerschlacht am 18.10. wurde in Pforta wiederum zum Großereignis gestaltet. Hoffmann von Fallersleben, der seit 1860 wieder eine feste Anstellung hatte, wohnte der Feier als Ehrengast bei, und der Chor intonierte seine Lieder. Die Festprogramm eröffnete eine patriotische Rede von Prof. Steinhart, und am Abend zogen alle im Fackelzug auf dem Knabenberg zum Feuerwerk. Danach war Ball für die Primaner. Zu Weihnachten 1863 wünschte sich Nietzsche einen Gedichtband von Goethe.

Den Höhepunkt der Festveranstaltungen 1864 in Pforta bildete die Feier zum 300. Geburtstag von Shakespeare. Dabei gab Nietzsche in einer szenischen Lesung von Heinrich IV. am 23.4. vor zahlreichem Publikum den Percy. Außerdem durfte er sein Shakespeare gewidmetes Poem vortragen, das man auch als ein Ecce für Ernst Ortlepp lesen kann. Am 11.6. besuchte Nietzsche bei Gewitter ein Konzert in Pforta. So wie Ernst Ortlepp 45 Jahre zuvor, gelang ihm als Abiturient das erste vollgültiges Gedicht.:

Dem unbekannten Gotte.

Noch einmal eh ich weiterziehe
Und meine Blicke vorwärts sende
Heb ich vereinsamt meine Hände
Zu dir empor, zu dem ich fliehe,
Dem ich in tiefster Herzenstiefe
Altäre feierlich geweiht
Daß allezeit
Mich seine Stimme wieder riefe.

Darauf erglühet tiefeingeschrieben
Das Wort: Dem unbekannten Gotte:
Sein bin ich, ob ich in der Frefler Rotte
Auch bis zur Stunde bin geblieben:
Sein bin ich – und ich fühl' die Schlingen,
Die mich im Kampf darniederziehn
Und, mag ich fliehn,
Mich doch zu seinem Dienste zwingen.

Ich will dich kennen Unbekannter,
Du tief in meine Seele Greifender,
Mein Leben wie ein Sturm durchschweifender
Du Unfaßbarer, mir Verwandter!
Ich will dich kennen, selbst dir dienen.

Die Kanzel der Kirche von Schkölen. In seinen letzten Lebensjahren kam Ernst Ortlepp immer zu Ostern nach Schkölen, um am Grab seiner Eltern Abbitte zu leisten. Propst in Schkölen war seit 1835 Christoph Harnisch, sein ehemaliger Mitschüler in Pforta, der 1865 starb.

Am Dienstag, den 14.6. 1864 gegen 17 Uhr, nach einem Gewitter fanden zwei Lehrer aus Pforta Ernst Ortlepp ertrunken in dem auf der folgenden Seite abgebildeten Graben auf. Er wird die Stelle gewählt haben, damit sein innigster Wunsch doch noch in Erfüllung gehe, auf ewig mit dem Ort, an dem er einzig glücklich war, verbunden zu sein. Die Begräbniskosten übernahm Prof. Keil, der Klassenlehrer von Nietzsche in Unterprima.

Die letzte Begegnung zwischen Nietzsche, der in wenigen Wochen zum Studium nach Bonn gehen würde, und Ernst Ortlepp fand wahrscheinlich im Gasthaus Goldener Adler statt, wo für die Primanern aus Pforta ein besonderes Zimmer reserviert war. Dorthin spazierten sie täglich nach dem Mittagessen in 15 Minuten, um Kaffee zu trinken, zu rauchen oder Billard zu spielen.

In dem stattlichen Gebäude aus dem Jahre 1713 an der Straße von Naumburg nach Kösen war zuletzt ein Kindergarten untergebracht, bevor es in den 1970er Jahren abgerissen wurde. Die Remisen verschwanden 2004. Nur die Aussichtsterrasse, auf der zuletzt eine Imbißbude stand, ist übriggeblieben.

Friedrich Nietzsche, Brief an Wilhelm Pinder in Heidelberg 4. 7. 1864:

...

Der alte Ortlepp ist übrigens todt. Zwischen Pforta und Almrich fiel er in einen Graben und brach den Nacken. In Pforta wurde er früh morgens bei düsterem Regen begraben; vier Arbeiter trugen den rohen Sarg; Prof. Keil folgte mit einem Regenschirm. Kein Geistlicher.
Wir sprachen ihn am Todestag in Almrich. Er sagte, er gienge sich ein Logis im Saalthale zu mieten. Wir wollen ihm einen kleinen Denkstein setzen; wir haben gesammelt; wir haben an 40 Thl.

Ernst Ortlepp: (dieses Gedicht entstand um 1819 und wurde erstmals veröffentlicht 1824)

Mein Vermächtnis.

Wenn ein Geliebter einst mir, dem Sterbenden,
Zum letzten Male schweigend die Hand noch drückt,
Und mir sein stummes Auge saget,
Saget mit Thränen, wie er mich liebe,

Dann ist es süßer, herrlicher Trost für mich,
Dass ich in Stunden seligen Vollgefühls,
Was mich emporhob, mich belebte,
Was mich erheiterte, rührt', entzückte,

Mein tiefstes Ich, mein Wesen euch eingehaucht,
Ihr meine Lieder, die ich dem Freunde dann,
Dem trauernden, noch vor dem Scheiden
Gebe, der innersten Seel' entflossen;

Ein süß' Vermächtnis! Denn, wenn ich nicht mehr bin,
Hat er in euch mich, Töchter des Saitenspiels,
Und ihr umtönt ihn manchen Abend,
Wenn er dem Sinken der Sonne zusieht.

Der Entwässerungsgraben an der Straße nach Pforta, wenige Meter hinter der Ortsgrenze von Almrich.

Das Grab von Ernst Ortlepp befindet sich an der Friedhofsmauer (rechts im Bild) unweit der Ewigen Lampe aus dem Jahr 1200, genau so wie er es sich gewünscht hatte. Der ihm von den Pfortenser Schülern gestiftete kleine Grabstein aus weißem Marmor mit Lyra, Lorbeerkranz und der Inschrift „poetae fratres et amici" war 1940 noch vorhanden. Unweit davon hat die Ernst-Ortlepp-Gesellschaft im Jahr 2004 eine Gedenktafel anbringen lassen.

Zu Beginn der Sommerferien 1864 schieb Nietzsche zu Hause vom 4. bis 8. 7. an seiner Abschlußarbeit. Am 26.8. war noch einmal Bergtag, und Anfang September fanden die schriftlichen und mündlichen Prüfungen statt. Das Abgangszeugnis bekam Nietzsche am 7. 9. ausgehändigt. Es folgten unbeschwerte Tage mit seinem Freund Paul Deussen in Naumburg, und am 23. 9. reisten sie zum Theologiestudium nach Bonn ab.

Am Abend vor Totensonntag fand im Betsaal von Pforta die Gedenkfeier für die im vergangenen Jahr verstorbenen ehemaligen Schüler statt, das sogenannte Ecce (benannt nach dem Lied „Ecce, quomodo moritus iustus ..." – „Siehe, wie stirbt dahin der Gerechte ...").
Auf dem Katheter brannten dabei nur zwei Kerzen. Alle Schüler und Lehrer waren anwesend und sprachen zum Abschluß der Feier die Formel „Havete, care animae" („Heil euch, teure Seelen").
Das Ecce für Ernst Ortlepp hielt der 26jährige Dr. Diedrich Volkmann, seit 1861 Lehrer an der Landesschule und von 1878 bis 1889 deren Rektor, am 26.11.1864.

Dr. Diedrich Volkmann, (Rektor in Pforta von 1878 –1898) 'Ecce für Ernst Ortlepp' 26.11. 1864:

Ernst Ortlepp geboren zu Schköhlen am 1. August 1800, Alumnus von Ostern 1812 bis Ostern 1820, schon hier ausgezeichnet durch seine Geschicklichkeit in der Anfertigung griechischer Verse, studierte in Leipzig bis 1824 Theologie und schöne Literatur. Von 1836-53 lebte er als Literat in Stuttgart, übersetzte dort den Shakespeare und gab musikalische Schriften heraus. Nach Sachsen zurückgewiesen, lebte er in Schkölen, Naumburg und Zeitz von einer Pension Sr. Maj. König Friedrich Wilhelm IV., dem Ertrage seiner Feder, vom Unterrichterteilen und den Unterstützungen alter Bekannter und Freunde. Ein späterer Versuch, das philologische Examen in Halle zu machen, hatte nicht den Erfolg, ihm zu einer Stelle zu verhelfen. So öfter, nicht ohne eigenes Verschulden, mit Not kämpfend, wurde er durch einen jähen Tod am 15. Juni diesen Jahres allem Elend entrückt.

Ernst Ortlepp, 'Rede des ewigen Juden' 1836:

...

Der Mann, den ihr der Hölle wähnt verfallen,
Glaub't mir's, er ist der glücklichste von Allen!

Friedrich Nietzsche, 'Dionysos-Dithyramben' 1888:

Letzter Wille.

So sterben,
wie ich ihn einst sterben sah –,
den Freund, der Blitze und Blicke
göttlich in meine dunkle Jugend warf.

...

Der Friedhof von Pforta. Der schwarze Stein an der Mauer gehörte zum Grab von Karl Seifert, dem Musiklehrer von Nietzsche. Sein Englischlehrer Dietrich Volkmann wurde mit 60 Jahren emeritiert und starb fünf Jahre später in Bad Berka an Syphilis.

An seinem 27. Geburtstag, dem 15.10. 1871, führte der Professor für Philologie an der Universität Basel Friedrich Nietzsche seine alten Freunde Gustav Krug, Wilhelm Pinder, Carl von Gersdorff und Erwin Rohde auf den Knabenberg, wo er einst im Kreise der Pfortenser einmal im Frühling und im Herbst den legendären Bergtag mitgefeiert hatte. Hinter der Schulfahne in Reih und Glied waren sie mit Gesang heraufgezogen, schon sehnlichst erwartet von ihren Angehörigen und den Verkaufsständen der berühmtesten Naumburger Konditoren. Es folgten nun verschiedene künstlerische Aufführungen, man sang, musizierte und tanzte. Ernst Ortlepp, auf einem Stuhl stehend, deklamierte seine Gedichte und bot sie zum Kauf an. Von diesem Tage an sollten noch acht Jahre vergehen, bis sich Nietzsche aus dem bürgerlichen Erwerbsleben verabschiedete. Seine „zweite Natur habe auch leben wollen", schrieb er dem Freund Rohde. – Das Vermächtnis des alten, trunkenen Waldgeistes aus dem Saaletal hatte ihn eingeholt. Welch tiefen Eindruck das in der frühen Jugend Erlebte bei ihm hinterlassen hatte, dafür sind in seinem Werk zahlreiche Hinweise zu finden. Er selbst bekannte einmal, daß er damals am Mitleiden „fast zugrunde gegangen" wäre. Wem diese übermenschliche Gefühlsaufwallung gegolten hat, darüber ist schon viel spekuliert worden.

Paul Rée, ein Intimfreund Nietzsches aus späteren Tagen, beendete sein Leben im Oktober 1901 mit einem ähnlichen Unfall wie Ernst Ortlepp. Auch ihn begrub man als Heimatlosen an dem Ort in geweihter Erde, wo er viele Jahre zuvor einmal glücklich gewesen war. Heinrich Wendt versuchte sich nach einem Theologiestudium als Reiseschriftsteller. Ab 1876 hatte er verschiedene Pfarrstellen inne und mußte 1904 wegen Trunksucht vorzeitig emeritiert werden. Er starb 1923 in der Irrenanstalt Blankenhain.

Der von Ernst Ortlepp so beneidete Franz von Dingelstädt wünschte sich auf seinem Grabstein folgende Inschrift „Er hat zeitlebens Glück gehabt, doch glücklich ist er nie gewesen.". Ernst Ortlepp rechnete sich immerhin ein, zwei schöne Jahre in Leipzig zugute. Drei Jahre nach seinem Tod erschien dort im Reclam-Verlag eine zwölfbändige Shakespeare-Ausgabe mit vielen seiner Übersetzungen.

Ernst Ortlepp, 'Am Neujahrsmorgen' 1852:

...
Was wir zu wissen träumten, haben Andre,
  Die auch zu wissen träumen, weggedrängt,
Und Kleinere sind von der Welt Gekanntre,
  Als die mit Pomp wir in die Gruft gesenkt;
Drum auf, o Mensch, mit deinem Geist, und wandre,
  Früh nach dem Ziel, das keine Zeit beschränkt!
Die ganz sich nur der Gegenwart ergaben,
Die wird auch ganz die Gegenwart begraben.

Friedrich Nietzsche, Textfragment aus dem Nachlaß 1885:

Dionysos gegen den Gekreuzigten: da habt ihr den Gegensatz.

Es ist nicht eine Differenz hinsichtlich des Martyriums, – nur hat dasselbe einen anderen Sinn. Das Leben selbst, seine ewige Fruchtbarkeit und Wiederkehr bedingt die Qual, die Zerstörung, den Willen zur Vernichtung.

Dionysos ist eine Verheißung ins Leben: es wird ewig wieder geboren und aus der Zerstörung heimkommen.

Die ehemalige Festwiese auf den Knabenberg bei Pforta.
1855 hatte sich in Weimar eine Schillerstiftung zur Unterstützung verarmter Schriftsteller gegründet.
Zu ihren ersten Nutznießern gehörten Herwegh und Freiligrath.

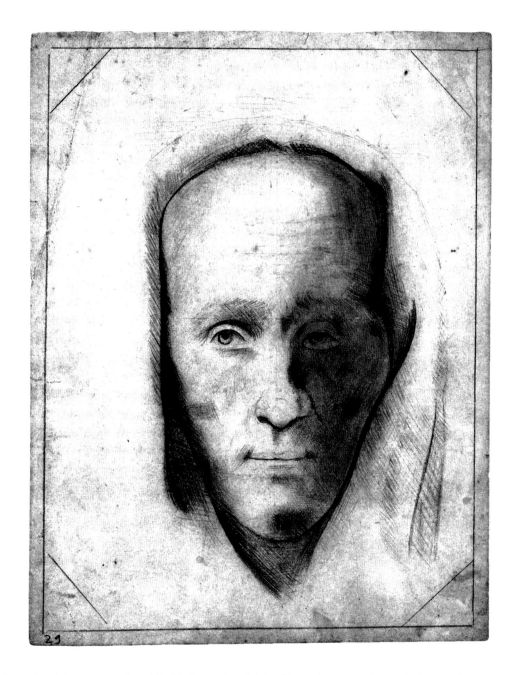

Diese Porträtzeichnung aus dem Nachlaß von Friedrich Nietzsche zeigt eine unbekannte Person von schwer zu bestimmendem Alter, die Ernst Ortlepp sein könnte.

Nebenstehende unsignierte, verwischte und stark ausgeblichene Zeichnung ist im Archiv der Klassik Stiftung Weimar dem Konvolut aus Nietzsches Schulzeit zugeordnet. Bei seinem Eintritt in Pforta hatte er wie alle in Untertertia eine Stunde in der Woche Zeichenunterricht. Danach konnte wer wollte zwei Stunden pro Woche einen Zeichenzirkel besuchen. Vielleicht ist dieses Blatt dort entstanden, denn Ernst Ortlepp wird sich dem Angebot als „Malermodell" etwas zu verdienen kaum verschlossen haben. Im Oktober 1861 ließ sich Nietzsche seine Camera Obscura nach Pforta schicken. Die Umrandung der Zeichnung deutet darauf hin, daß solch ein Apparat benutzt wurde. Nietzsche wird sie kaum selbst angefertigt haben, denn in seinem Abgangszeugnis war beim Fach Zeichen zu lesen „Er hat nur kurze Zeit den öffentlichen Zeichenunterricht besucht und nichts Befriedigendes geleistet.".
Zwischen dem Porträtierten und der männlichen Verwandschaft von Ernst Ortlepp, von denen Fotografien erhalten sind, gib es immerhin einige Ähnlichkeiten. Doch er könnte ja auch mehr als nur die Anfälligkeit zur „Gesichtsrose" und die poetische Ader von der Mutter geerbt haben.
Er selbst beschreibt sich 1835 als „blassen Mann mit feinen und interessanten Gesichtszügen".

W. M. Bräutigam, 1846 in Schkölen geboren und aufgewachsen berichtet um 1898:

„Das Gesicht mehr länglich als rund, war glatt rasiert. Die Gesichtszüge waren scharf markiert, die Stirn hoch und breit. Der Hinterkopf war stark gewölbt, so daß der Kopf von hinten gesehen, groß erschien. Die etwas in den Höhlen zurückliegenden Augen waren von heller Farbe; dieselben, mittelgroß, erweiterten sich beim heftigen Sprechen. Der Blick war stets ernst, beziehungsweise streng. Die Nase war auffallend groß und fleischig, nicht gebogen, sondern lang mit abgerundeter Spitze, gegen die Oberlippe zu den normalen rechten Winkel bildend; die Nasenflügel breiteten sich etwas aus, wodurch sich große, längliche Nasenlöcher bildeten. Der Mund war breit, die Lippen eher dünn als dick und im Schweigen zusammengekniffen, wodurch das Gesicht in Verbindung mit dem ernsten Blick einen energischen Ausdruck bekam. Das Kinn bog sich ein wenig nach vorn. Ortlepp trug die schon sehr ins Graue gehende Haare immer kurz geschnitten".

Friedrich Nietzsche, 'Die fröhliche Wissenschaft' 1882:

79.

R e i z d e r U n v o l l k o m m e n h e i t. – Ich sehe hier einen Dichter, der, wie so mancher Mensch, durch seine Unvollkommenheiten einen höheren Reiz ausübt, als durch alles Das, was sich unter seiner Hand rundet und vollkommen gestaltet, – ja er hat den Vortheil und den Ruhm vielmehr von seinem letzten Unvermögen, als von seiner reichen Kraft. Sein Werk spricht es niemals ganz aus, was er eigentlich aussprechen möchte, was er g e s e h e n h a b e n m ö c h t e: es scheint, dass er den Vorgeschmack einer Vision gehabt hat, und niemals sie selber: – aber eine ungeheure Lüsternheit nach dieser Vision ist in seiner Seele zurückgeblieben, und aus ihr nimmt er seine ebenso ungeheure Beredsamkeit des Verlangens und Heißhungers. Mit ihr hebt er Den, welcher ihm zuhört, über sein Werk und alle „Werke" hinaus und giebt ihm Flügel, um so hoch zu steigen, wie Zuhörer nie sonst steigen: und so, selber zu Dichtern und Sehern geworden, zollen sie dem Urheber ihres Glückes eine Bewunderung, wie als ob er sie unmittelbar zum Schauen seines Heiligsten und Letzten geführt hätte, wie als ob er sein Ziel erreicht und seine Vision wirklich g e s e h e n und mitgetheilt hätte.
Es kommt seinem Ruhme zu Gute, nicht eigentlich an's Ziel gekommen zu sein.

Danksagung

Es ist dem Engagement von Herrn Roland Rittig sowie der Förderung durch das Museum Schloß Moritzburg Zeitz unter der Leitung von Frau Kerstin Otto zu verdanken, daß diese Publikation erscheinen konnte.

Der Ernst-Ortlepp-Gesellschaft Zeitz und besonders ihren Mitgliedern Hermann Josef Schmidt, Rüdiger Ziemann, Manfred Neuhaus, Gerald Wiemers und Inge Buggenthin, welche sich um die noch nicht abgeschlossene Forschung zu Leben und Werk des Dichters verdient gemacht haben, gilt mein besonderer Dank.

Diese Orgel wurde zusammen mit der Schkölener Kirche 1756 eingeweiht. An ihr übte der kleine Ernst und begleitete später den Gottesdienst seines Vaters. Es ist nicht ausgeschlossen, daß er auch nach der grundlegenden Restaurierung des Instruments 1857 wieder darauf musiziert hat.

Verlag: PRO LEIPZIG
Herstellung: Messedruck Leipzig GmbH
Herausgeber: Museum Schloß Moritzburg Zeitz
alle Rechte bei: Thomas Steinert
Leipzig, den 15. 3. 2010

ISBN 978-3-936508-57-4